# o *saber não-todo* e a escrita

## sobre “mais, ainda” & outros ensaios

FÓRUM DO CAMPO LACANIANO DE FORTALEZA

aller

*Editora* | Fernanda Zacharewicz

*Conselho editorial* | Andréa Brunetto • *Escola de Psicanálise dos Fóruns do Campo Lacaniano*
Beatriz Santos • *Université Paris Diderot — Paris 7*
Jean-Michel Vives • *Université Côte d'Azur*
Lia Carneiro Silveira • *Escola de Psicanálise dos Fóruns do Campo Lacaniano*
Luis Izcovich • *Escola de Psicanálise dos Fóruns do Campo Lacaniano*

*Revisão* | Fernanda Zacharewicz

*Diagramação* | Sonia Peticov

*Capa* | Wellinton Lenzi

Primeira edição: dezembro de 2024

**Dados Internacionais de Catalogação na Publicação (CIP)**
*Ficha catalográfica elaborada por Angélica Ilacqua CRB-8/7057*

S119 O saber não-todo e a escrita : sobre "mais, ainda" & outros ensaios / Fórum do Campo Lacaniano - Fortaleza (org.). -- São Paulo : Aller, 2024.
256 p.

ISBN 978-65-87399-73-7
ISBN 978-65-87399-74-4 (livro digital)

1. Psicanálise 2. Escrita na psicanálise 3. Conhecimento 4. Lacan, Jacques, 1901-1981 I. Fórum do Campo Lacaniano – Fortaleza

24-5639 CDD: 154.6
CDU 159.964

**Índice para catálogo sistemático**
1. Psicanálise

Publicado com a devida autorização e
com todos os direitos reservados por

**Aller Editora**
Rua Havaí, 499
CEP 01259-000 • São Paulo — SP
Tel: (11) 93015-0106
*contato@allereditora.com.br*
Aller Editora • allereditora

# SUMÁRIO

**QUARTA PARTE: ... de uma análise**

PREFÁCIO

# Guardando palavras

A palavra *prefácio* vem do latim, formada por *prae* (antes) e *fatio* (dito), ou aquilo que é dito antes. No caso deste livro, o antes está ancorado na longa jornada de formação dos membros do Fórum do Campo Lacaniano de Fortaleza. E, de forma mais circunscrita, é efeito de um trabalho que ganhou a forma textual a partir de contribuições dadas às lições do “Mais, ainda”, o seminário 20 de Jacques Lacan — escolhido como eixo de estudos no ano de 2023, de apresentações na jornada e de produtos de um cartel, atividades que indicam marcas no tempo.

O fio da meada é a trajetória de cada autor\a e a tentativa de escrever, no singular, seu saber não-todo.

Ao ler os textos, escutei a musicalidade que podemos extrair das palavras. Lembrei da Nona Sinfonia, na qual Beethoven, em sua genialidade, agrega uma ode (de Friedrich Schiller, *Ode à alegria*, poema escrito em 1785), a seu último movimento. O texto é, então, cantado por solistas acompanhados por um coral e a vozes se equiparam aos instrumentos. É magistral! Sons, palavras, música, arte de encantar, eis o que acontece ali. Aqui, nas páginas que se seguem, os autores estabelecem seus textos no meio do vozerio, das melodias, das reverberações e dos ecos da formação e das análises, delineando com palavras o inefável da transmissão.

A cada texto acompanhamos um uso conceitual, uma versão, uma interrogação, uma não resposta. Os autores navegam no mesmo referencial teórico, mas é interessante constatar o quanto se aproximam e se distanciam, como em um bailado sem pares.

Temos, por exemplo, nos textos relativos ao cartel, um enlaçamento: um saber falho, como diz Osvaldo; uma insistência em direção ao saber dizer, como postula Zilda e um saber do causo, como destaca Thalita. Cartel que fez história na formação de participantes e ouvintes de seus produtos, mas de onde se extrai um *c'est ça*, como arremata Zilda.

Temos também os escritos das autoras que trabalharam, *in loco*, as lições do *Mais, ainda*. Textos que se misturam com as aulas de Lacan, e seguem suas próprias trilhas, permitindo que caminhemos pelas tessituras do transmissível e intransmissível e do desejo do analista, como disse Julieta; diferenciar a escrita alfabética da escrita em psicanálise, e acessar o "saber que se escreve nas entrelinhas", como formula Elynes. Ou ainda convidam a visitar as tapeçarias de "A Dama e o Unicórnio" e sua correlação com as formas do *objeto a*, e a escrita que "tem uma afinidade com o não-todo" como indica Lia. Somos, também, tentados a aceder ao real indizível, a mulher e o nada como se dedica Elisabeth; considerar o saber que se adquire em uma análise e o sujeito e sua relação como o gozo, como trabalha Alba. Ou, ainda a colocar as mãos à obra ao acompanhar o intricado trabalho com os nós, com as propriedades topológicas, com a formalização e transmissão, como escreve Glaucia. Dizeres emaranhados que convidam todos a querer saber sobre seus argumentos. Junto com elas, temos Raíssa, que orquestrou as atividades em torno do seminário 20 e que produziu um texto sobre as flexões de um sujeito em análise e o que é, em tese, "passar do romance ao poema".

Na continuidade do livro, outros textos acontecem. Uns falam sobre o feminino como o de Renata, que entre fios e tramas diz sobre a mascarada e o gozo; o de Amanda que tematiza as sutilezas da "amarração sintomática da mulher" e o de Anna Paula que com Clarice, a Lispector, interroga o que é amar, e mais, o que é o amor no discurso analítico. Outros abordam o saber não-todo, a escrita e suas variantes: com Chico Paiva, lemos sobre cartas de amor, do amor das memórias, não revelado até o amor mais digno ou daquilo que uma análise não promete; Isabella que escreve sobre os efeitos de uma análise e sua relação com o tempo; Mylena que retoma os giros dos discursos como desenvolvido no seminário O avesso da psicanálise para articulá-los aos efeitos no escrito. Tallita que interroga a diferença entre membro de Fórum e membro de Escola, propondo uma leitura, a partir de seu percurso, sobre a transferência de trabalho; Mariana que se dedica a escrita de um caso de uma criança tomando como referência a lógica da fantasia; Luciana que escreve sobre a fobia e suas nuances e Larissa que, ao visitar o Barroco, propõe uma amarração na escrita de uma "nova poética do sujeito".

Ainda temos dois testemunhos que versam sobre a experiência na função de passadoras: Andrea canta sua travessia e diz: "Do testemunho à transmissão há um mar", há de se saber como navegá-lo; Sandra Mara se interroga sobre o que passa, e sintetiza, arriscando dizer: "o que passa é a dor".

Nos textos há um saber, um saber furado que nos instigar a continuar, que nos desassossega. Há algo de solidão nos dizeres.

E é com ela que tecemos o fio dos laços, bordamos o fio da fala e, quem sabe, guardamos palavras como disse Antonio Cícero, um escritor-poeta-filósofo que escolheu, com dignidade, viver e morrer guardando poesia:

> Por isso se escreve, por isso se diz, por isso se publica,
> por isso se declara e declama um poema:
> Para guardá-lo.

Ercilia Maria Soares Souza

# o saber...

PRIMEIRA PARTE

# A falta, o que se transmite

OSVALDO COSTA MARTINS[1]

Este artigo é fruto da minha pesquisa no âmbito do cartel "A formalização do caso clínico", constituído por membros do Fórum do Campo Lacaniano de Fortaleza e do Fórum do Campo Lacaniano de Belo Horizonte. Inicialmente, dediquei esforços para discernir a construção da formalização do caso clínico. Assim, surgiram várias perguntas que me guiaram ao longo da pesquisa, até chegar à articulação que deu estrutura ao trabalho, a qual destaca que o saber inconsciente é tributário de uma falha que diz respeito ao real. Nesse levou à ideia de que a transmissão em psicanálise passa especialmente pela transmissão da falta implicada no saber.

Desde que fui convidado a participar do cartel, uma série de perguntas que exigiam discernimento se apresentou. Era hora de considerá-las e tentar formular respostas: o que significa formalizar um caso? Por que é importante formalizar? Qual a

[1] Psicanalista. Membro do Fórum do Campo Lacaniano de Fortaleza e da Escola de Psicanálise dos Fóruns do Campo Lacaniano/Brasil.

diferença entre construção e formalização? E nas supervisões, o que realmente fazemos? No passe, qual é o propósito? É evidente que há algo de transmissão envolvido, mas o que exatamente se transmite?

O trabalho se franqueou quando um ato falho se produziu. Ao tentar anotar algo sobre "saber falho", acabei escrevendo "saber filho". Assenti a esse lapso e uma resposta aparentemente simples foi aberta: formalizar é escrever algo que concerne ao real (do caso) e, por consequência, produzir algo transmissível do saber, isto é, da falha, da falta implicada no saber. Levarei isso em conta e enfatizarei os aspectos da transmissão e da falha concernidos nesse ponto. Antes, porém, farei algumas considerações sobre as reflexões iniciais.

O termo "caso" aparecia de forma recorrente nas diversas expressões usadas. O que se discutia, portanto, não era a importância da clínica ou do caso clínico, mas se é feita a construção ou a formalização dele e as consequências de cada abordagem. Essa distinção é importante porque nos permite escolher a direção a partir do ponto até onde se queira ir.

Uma das principais preocupações de Freud, como fundador da psicanálise, era dispor de recursos capazes de transmitir algo dos princípios e da ética dessa prática. Para ele, a transmissão do saber, não apenas da verdade, era um ponto central para o estabelecimento da psicanálise porque conhecia bem os fundamentos da clínica que estava fundando e, como diz Érik Porge, "não há fato clínico espontâneo, 'os fatos dependem sempre da rede com a qual os apanhamos'[2]". Uma nova clínica,

---

[2] PORGE, Érik. *Transmitir a clínica psicanalítica: Freud, Lacan, hoje*. Campinas: Editora Unicamp, 2005, p. 12.

a psicanalítica, haveria de ter um modo de transmissão que lhe fosse convergente.

Porém, não há caminhos exclusivos nesse trabalho. A correia de transmissão move-se entre diversos eixos: analisante-analista, supervisor-supervisionando, passante-passador-cartel do passe e, ainda, nas "teorizações" dos analistas, seja nas sessões clínicas ou em textos publicados. Penso que os casos clínicos publicados por Freud se inserem entre estes últimos.

O trabalho e o esforço de transmissão fazem-nos bascular entre as duas faces do analista indicadas por Lacan: a do ato e a daquele que teoriza sobre seu ato[3]. Trata-se de um trabalho fundamental para posicionar o analista na transferência e, consequentemente, na direção da cura. Mas há que se estar bem orientado nisso para que não se confunda o caso, o que se extrai dele, com historietas ilustrativas ou meras contações de histórias e fofocas das vidas privadas. Sem desconsiderar tais perspectivas e ressalvas, o trabalho de nosso cartel apontava a necessidade de avançar para a perspectiva da formalização.

Quanto ao meu trabalho, uma diferença na tradução de um trecho de "Construções na análise" abriu mais uma passagem:

> Todos nós sabemos que o analisando deverá ser levado a se recordar de algo que ele vivenciou e recalcou, e as condições dinâmicas desse processo são tão interessantes que, diante disso, a outra parte do trabalho, que é o empenho do analista, passa a ficar em segundo plano. De tudo o que é essencial aqui, o analista não vivenciou nem recalcou nada; não pode ser sua tarefa lembrar algo. O que é então a sua tarefa? Ele terá de

[3] *Cf.* LACAN, Jacques. (1972-1973) *Seminário 20: Encore*. Rio de Janeiro: Escola Letra Freudiana, 2010, edição não comercial.

> *inferir* [*schließen*] o esquecido a partir dos sinais por ele deixados ou, mais corretamente, ele terá de *construir* o esquecido.[4]

Na versão Imago da obra freudiana, *schließen* foi traduzido por "completar" em vez de "inferir". Ora, inferir algo de um contexto é muito diferente de usar elementos disponíveis a fim de completá-lo! Nesse âmbito, inferir permite ao analista (e ao analisante) assumir uma lacuna e fazer uso dela para pôr o trabalho em movimento. Algo que o "completar" não consegue. Não foi por acaso que Freud nomeou sua prática de psic*análise* em vez de psico*ssíntese*. Ele sabia que, ao decompor sintomas e identificações, repetições e recordações, o processo conduziria ao irredutível e inconciliável da pulsão e à inescapável divisão do sujeito. Na base de tudo, o desejo que não tem cura.

Assim, é imprescindível que qualquer trabalho envolvendo análise e transmissão priorize aquilo que foge das limitações impostas pela aplicação de técnicas e protocolos, e evite a busca por relatos de casos completos e perfeitamente acabados. Reafirmo que não se trata de desvalorizar a importância da construção de caso. Como mencionei anteriormente, desde que devidamente orientada, ela terá lugar no trabalho dos analistas.

Diante disso, considero adequada a seguinte definição de caso clínico. Ele

> consiste em inventar uma coerência para fragmentos do inconsciente que aparecem desarticulados durante o processo analítico e que possibilita não apenas uma visão geral do

---

[4] FREUD, Sigmund. (1937) "Construções na análise". In: *Fundamentos da clínica psicanalítica. Obras incompletas de Sigmund Freud, volume 2*. Belo Horizonte: Autêntica, 2017, p. 367, grifo nosso.

tratamento, mas também a elaboração de hipóteses que orientarão as intervenções clínicas. A construção permite ao analista localizar o seu lugar na transferência em função do qual lançará suas interpretações. Permite ainda o manejo da transferência ao se reconhecer o *objeto a* que o sintoma singular do sujeito circunscreve.[5]

A ressalva que faço diz respeito a dois pontos: as ditas intervenções podem até ser balizadas por hipóteses, mas nunca calculadas; estar situado na transferência, mais do que interpretar, permite ao analista manejar melhor suas palavras e silêncios. Para se situar nesse jogo, o analista deverá estar bem-posto na política que rege a análise e nos limites que a estratégia lhe impõe. Apenas assim ficará mais livre para escolher suas táticas. De outro modo, arrisca-se cair na mesma posição do delegado de polícia na investigação sobre a carta, no conto de Allan Poe[6].

Eu nomearia essa abordagem de "método policial de construção do caso", baseado apenas na precisão das evidências e nas peças disponíveis, e limitando-se apenas à realidade tangível disposta no espaço cartesiano. Por outro lado, o método de Dupin aproxima-se de Freud e da psicanálise, que escuta lacunas, interpreta, toma a verdade como *aletheia*, lidando com semblantes que velam e revelam.

Lacan, por sua vez, ocupou-se de fazer avançar a questão da transmissão e de como se pode trabalhar um caso clínico levando em conta não apenas o simbólico e o significante, mas

[5] VAL, Alexandre Costa.; LIMA, Mônica Assunção. "A construção do caso clínico como forma de pesquisa em psicanálise". *Ágora,* v. 17, n. 1, p. 99-115, jan./jun. 2014, p. 109.

[6] POE, Edgar Allan. (1844)"A carta roubada". In: *Histórias extraordinárias.* São Paulo: Nova Cultural, 2002.

também o gozo e o real. Não estou sugerindo que Freud não tenha feito isso[7], mas sim que Lacan fez uso de novos recursos para avançar na elaboração e formalização do final de análise, ou seja, na dimensão finita da análise.

Destaco que tal uso acontece desde muito cedo em seu ensino. Vejamos, por exemplo, os seguintes trechos do seminário 4, *A relação de objeto*:

> Poderíamos, nesse sentido, entrar em articulações detalhadas que nos permitiriam formular de maneira completamente rigorosa o que está em questão, por uma série de *formulações algébricas transformando-se umas nas outras.* Tenho uma certa repugnância em fazê-lo, temendo que os espíritos ainda não estejam completamente abertos àquilo que, acredito, é o futuro, na ordem da análise clínica e terapêutica da evolução dos casos. Todo caso, *ao menos em suas etapas essenciais*, deveria chegar a se resumir numa série de transformações. Dei a vocês um exemplo disso da última vez, pondo no quadro a formulação inicial.[8]

Nesse trecho, Lacan diz claramente que o futuro "da análise clínica da evolução dos casos" será uma série de formulações algébricas e que, se então não o faz, é por temer que os espíritos de seus ouvintes não estejam ainda completamente abertos. Quanto às "etapas essenciais", entendo que ele se refere aos diversos tempos de uma análise. Sabemos que as

---

[7] Nos relatos de caso, Freud já buscava, por exemplo, nomear o gozo particular do sujeito. *Cf.* IZCOVICH, Luis. *La identidad: de Freud a Lacan*. Medellín: Universidad Pontificia Bolivariana, 2018.

[8] LACAN, Jacques. (1956-1957) *O seminário, livro 4: A relação de objeto*. Trad. Dulce Duque Estrada. Rio de Janeiro: Jorge Zahar Editor, 1995, p. 414, grifos nossos.

buscas e entradas em análise estiveram, por muito tempo, mais evidentes e discutidas do que os finais. Geralmente, estão associadas a um desarranjo na estabilidade que a fantasia proporciona ao sujeito causado pela irrupção de gozos, separações amorosas etc.

Na medida em que os "espíritos" se abriam a seu ensino, Lacan prosseguia na exigência de formalização:

> Permitam-me também dizer-lhes, de passagem, que a noção de metalinguagem é frequentemente empregada da maneira mais inadequada, uma vez que se desconhece o seguinte: ou a metalinguagem tem tamanhas exigências formais que elas deslocam todo o fenômeno de estruturação do local onde ela deveria situar-se, ou a própria metalinguagem conserva as ambiguidades da linguagem. Em outras palavras, não existe metalinguagem, *existem formalizações* — seja no plano da lógica, seja no plano da estrutura significante cujo nível autônomo tento destacar para vocês. Não existe metalinguagem no sentido de isso querer dizer, por exemplo, uma completa matematização do fenômeno da linguagem, e isso, precisamente, porque não há meio de formalizar para-além daquilo que é dado como estrutura primitiva da linguagem. *Não obstante, a formalização é não somente exigível, mas necessária.*[9]

Penso que tal necessidade se impõe a Lacan na medida em que ele avança sobre um paradoxo que se apresenta a seu trabalho de teorização, notadamente sobre o inconsciente e sua

[9] LACAN, Jacques. (1957-1958) *O seminário, livro 5: As formações do inconsciente.* Trad. Vera Ribeiro. Rio de Janeiro: Jorge Zahar Editor, 1999, p. 79, grifo nosso.

formalização, a saber, "*como incluir na estrutura essa falta que é efeito dela?*[10]". Tanto que, logo adiante no seminário 5, ele afirmaria:

> Se conseguirmos, todavia, levar bem longe essa estruturação tópica, não escaparemos a um resto de exigência suplementar, se é verdade que seu ideal é uma *formalização unívoca*, pois algumas ambiguidades são irredutíveis no nível da estrutura da linguagem tal como tentamos defini-la.[11]

Também testemunham essa necessidade as diversas definições de falo que ele se esforça em apresentar em "A significação do falo" ou, ainda, esta afirmação do seminário 18: "A *acoisa* não se mostra, se demonstra[12]". O escrito está implicado justamente na demonstração daquilo que não se pode mostrar. Portanto, trata-se do recurso a uma linguagem (lógica, topológica e/ou dos "nós") que permita abordar e transmitir algo do que se situa na hiância: o impossível de simbolizar, que faz litoral com a letra, o gozo, a falta. Isso franqueia leituras clínicas que vão "além do pai" e orientam-se pelo real. Depreendo isso, por exemplo, desse trecho do *Encore*:

> É aí que se distingue o que pode nos vir a dizer do Real, pois o Real, se vocês o tomarem tal como pensei ao longo do tempo,

---

[10] DOUMIT *apud* CECCHIA, Marcelo, A. "Considerações iniciais sobre lógica e teoria lacaniana". *Psicologia USP*, v. 15, n. 1-2, p. 321-338. 2004. Disponível no endereço: https://www.scielo.br/j/pusp/a/QpF6fsg99JvM4CpWHTzsgqc/. Acessado em: 10 jul. 2023.

[11] LACAN, Jacques. (1957-1958) *O seminário, livro 5: As formações do inconsciente.* Trad. Vera Ribeiro. Rio de Janeiro: Jorge Zahar Editor, 1999, p. 79, grifo nosso.

[12] LACAN, Jacques. (1971) *O seminário, livro 18: De um discurso que não fosse semblante.* Trad. Dulce Duque Estrada. Rio de Janeiro: Zahar, 2005, p. 73.

> tempo que é o de minha experiência, o Real não poderia inscrever-se senão por um impasse da formalização. Foi por isso que pensei poder desenhar seu modelo pela formalização matemática, na medida em que ela é a elaboração mais avançada que nos foi dado produzir, a elaboração mais avançada da significância. De uma significância da qual, em suma — eu falo da formalização matemática — pode-se dizer que ela se faz ao contrário do sentido. Eu quase ia dizer "em sentido contrário".[13]

Neste ponto, a questão da formalização encontra uma perspectiva do real que me permitiu articular sujeito, saber e verdade. Quando Descartes alcança os limites do seu *cogito*, ao invés de aceitar essa fronteira, ele invoca a presença de Deus como um "sujeito suposto", avalista do saber, e assim sutura a lacuna:

> A divisão do sujeito entre verdade e saber inscreve-se nesse corte ao mesmo tempo que o questiona. Ao confiar a Deus o encargo de garantir a verdade última do saber, "Descartes inaugura as bases de partida de uma ciência com a qual Deus nada tem a ver". Isso faz com que grandes inventores científicos proclamassem sua crença em Deus ou em uma forma de transcendência fiadora da verdade do saber.[14]

Isto é, na fundação das condições de existência da ciência moderna, há um rechaço do real, daquilo que escapa à simbolização e à sistematização pelo método científico. Em outras

---

[13] LACAN, Jacques. (1972-1973) *Seminário 20: Encore*. Rio de Janeiro: Escola Letra Freudiana, 2010, edição não comercial, p. 186-187.

[14] PORGE, Érik. *Transmitir a clínica psicanalítica: Freud, Lacan, hoje*. Campinas: Editora Unicamp, 2005, p. 112-113.

palavras, "há foraclusão da verdade como causa," ou, no termo freudiano, rechaço da Coisa.

Esse rechaço vai, por sua vez, criar as condições para o retorno "da verdade separada do saber". É nesse ponto que podemos dizer, com Lacan, que "a psicanálise opera sobre o sujeito da ciência", isto é, o sujeito que restou foracluído pela ciência[15]. A verdade retorna no sintoma, "no real sexual do gozo do sintoma". Érik Porge o diz assim:

> A divisão do sujeito, introduzida pelo *cogito* cartesiano e reforçada pela separação entre verdade e saber, torna-se, com o retorno da verdade do sintoma e através dele, uma divisão entre o saber e o retorno da verdade no sintoma. O sujeito é dividido pelo sintoma. Sua divisão não resulta do mero afrontamento com o saber mas desse afrontamento ao qual se agrega o real do sexo.[16]

Nessa hiância entre o saber e a verdade, Lacan situará o *objeto a*. Daí ele dizê-lo causa e afirmar, em "A ciência e a verdade", que "há uma dupla inscrição" e "ela não se grava do mesmo lado do pergaminho quando vem da impressora da verdade ou da do saber[17]".

Freud, por sua vez, já propunha a implicação entre sexualidade e saber quando, por exemplo, discutia as teorias sexuais infantis: elas se originariam nos componentes da pulsão,

---

[15] LACAN, Jacques. (1965) "A ciência e a verdade" In: *Escritos*. Trad. Vera Ribeiro. Rio de Janeiro: Jorge Zahar, 1998, p 878.

[16] PORGE, Érik. *Transmitir a clínica psicanalítica: Freud, Lacan, hoje*. Campinas: Editora Unicamp, 2005, p. 113.

[17] LACAN, Jacques. (1965) "A ciência e a verdade" In: *Escritos*. Trad. Vera Ribeiro. Rio de Janeiro: Jorge Zahar, 1998, p. 878.

chamada de pulsão de saber, que atua na criança justamente no contexto no qual ela está provocada pelos enigmas concernentes à origem das crianças, da procriação e da sexualidade[18].

No relato do caso do Homem dos Ratos, Freud indica outra vez essa aproximação. Afirma que o cismar se torna a principal característica da neurose quando a pulsão de saber prepondera na constituição de um obsessivo[19]. Assim, o processo de "pensar é sexualizado, na medida em que o prazer sexual, que normalmente se liga ao teor do pensamento, é voltado para o ato mesmo de pensar, e a satisfação ao atingir um resultado intelectual é sentida como satisfação sexual[20]". Com base nisso, ele afirmará ainda que as elucubrações teóricas infantis encontram analogia no trabalho dos pesquisadores adultos. Porge, por sua vez, lembra um comentário de Lacan, no seminário 13, a respeito desse tema:

> O que Freud nos traz é a designação do lugar de incidência de um desejo particular, e que é o ponto por onde a sexualidade entra em jogo como fundamental no domínio que se trata de definir: esse ponto se chama desejo de saber. É porque a sexualidade entra em jogo de início pelo viés do desejo de saber que o desejo de que se trata na dinâmica freudiana é o desejo sexual.[21]

---

[18] *Cf.* PORGE, Érik. *Transmitir a clínica psicanalítica: Freud, Lacan, hoje.* Campinas: Editora Unicamp, 2005.

[19] MARTINS, Karla P. H; MARTINS, Osvaldo C; CAPOTE, Natercio A. F. "Neurose obsessiva e tempo: incidências da aceleração social?" *Cad. psicanal,* Rio de Janeiro, v. 40, n. 39, p. 51-66, dez. 2018.

[20] FREUD, Sigmund. (1909) "Observações sobre um caso de neurose obsessiva ['O homem dos ratos']". In: *Obras completas, v. 9.* Trad. Paulo César de Souza. São Paulo: Companhia das Letras, 2013, p. 107.

[21] LACAN *apud* PORGE, Érik. *Transmitir a clínica psicanalítica: Freud, Lacan, hoje.* Campinas: Editora Unicamp, 2005, p. 115.

Mais uma vez, evidencia-se a fenda onde se encontram desejo, verdade e saber, ou melhor, evidencia-se que o desejo de saber advém do "saber em falta em sua junção com a verdade[22]". A origem de cada ser falante é perdida. Em torno dessa falha original, montam-se mitos individuais e fantasias, criam-se teorias e elaboram-se romances familiares. O mais importante, no entanto, é que também existe aí a possibilidade de relançar o desejo.

Nesse contexto, lembro de duas situações relatadas por um analisante, ocorridas entre a infância e os primórdios da adolescência. Ele recordava que, durante um período, era com frequência assaltado por um impulso de curiosidade que o levava, sem justificativa aparente, a abrir armários, vasculhar gavetas e caixas sem conseguir explicar o que exatamente procurava. Esse movimento, motivado pela satisfação daquele impulso, era frequentemente interrompido por adultos que reclamavam da bagunça produzida pelo infante curioso. Alguns anos depois, ele foi flagrado tentando esconder-se embaixo da cama dos pais durante a noite. Em análise, afirma que, ao contrário da situação anterior, desta vez ele "tinha consciência" do que procurava: saber como tinha sido o ato sexual que o gerou.

O ponto crucial ilustrado por essa historieta reside exatamente no contexto do tema em discussão: a relação sexual dos pais, o coito que gera a fecundação, é uma cena na qual é impossível os filhos estarem. Essa cena, inalcançável e irrepresentável, faz as vezes de um rasgão no tecido simbólico do qual cada um de nós emerge. É tal rasgão que a lógica e a topologia permitem "incluir" com a formalização.

---

[22] *Idem, ibidem.*

Essa ideia aparece naquilo que Lacan chamou de ponto-origem, definindo-o como ponto nodal de um saber falho. Daí nasceria "o desejo, e sob a forma do que pode ser assim chamado de desejo de saber, desde que ponhamos essas duas últimas palavras numa espécie de parêntese, pois se trata do desejo inconsciente puro e simples, em sua estrutura[23]".

Concluo agora esse percurso extraído da pesquisa. Quando Lacan fala do ponto-origem, do ponto nodal de um saber falho, ele aponta também o que está em jogo em uma análise: chegar a esse incurável e relançar o desejo, chegar a esse ponto falho e contar com ele, incluí-lo no saber. Daí o desejo de saber no final de análise. Evidentemente, um pai não está aí para fazer isso, mas para transmitir um saber falho, porque filho da castração. Assim me ensinou o lapso.

---

[23] LACAN *apud* PORGE. *Idem*, p. 116.

# O que se escreve do caso clínico

ZILDA MACHADO[1]

Este texto é fruto de um cartel sobre o tema "A formalização do caso clínico". Apresento aqui as elaborações que desenvolvi a partir dos dois anos de trabalho com quatro colegas do Fórum-Fortaleza e do que aprendi com suas contribuições. Por isso, rendo minhas homenagens a eles: Ercília Souza, Lia Silveira, Osvaldo Costa e Thalita Fontenelle.

Desse cartel, o que para mim se depreendeu veio a partir do apontamento de Lia Silveira: "O que se formaliza, no final das contas, é o próprio caso". Vem daí, inclusive, a essência da Escola de Lacan, que tem como um de seus pilares o passe como o dispositivo pelo qual isso pode ser colocado à prova.

Mas o que isso quer dizer para os demais casos que sustentamos, na clínica nossa de cada dia? No "Prefácio à edição inglesa do *seminário 11*", Lacan afirma que, por meio do seu caso

---

[1] Psicóloga. Psicanalista. AME da Escola de Psicanálise dos Fóruns do Campo Lacaniano. Membro da EPFCL-Brasil e do Fórum-BH.

Aimée, ele se viu tomado pela aventura que o "levou a Freud — este solitário, teorizador incontestável do inconsciente, que nos ensinou a trabalhar aos pares[2]". E é então que ele nos diz, no mencionado artigo, que no crepúsculo de sua vida (ele próprio, Lacan) introduz sua pitada de sal feita de *histoeria* (*hystoire*).

E prossegue: "existe o analista a ser levado em conta no tratamento". Esta é uma questão central que Lacan já tratara em textos anteriores e que novamente traz à tona aqui: Quem é analista? Como alguém pode ser nomeado psicanalista? "[...] nomear alguém como analista é algo que ninguém pode fazer, e Freud não nomeou nenhum. Dar anéis aos iniciados não é nomear[3]". E continuando, reafirma sua proposição: "o analista só se historisteriza [hystorise] por si mesmo — fato patente —, mesmo quando se faz confirmar por uma hierarquia".

Lacan prossegue nesse artigo se perguntando: mas "que hierarquia poderia confirmar-lhe ser analista, apor-lhe esse carimbo?" É então que ele diz que alguém havia dito que ele, Lacan, sim, "era um psicanalista, nato". É a esta afirmação que ele traz, neste texto, como resposta, a sua famosa frase: [*"não o sou"*, depreendemos de seu dizer] "repudio esse certificado: não sou um poeta, mas um poema. E que se escreve, apesar de ter jeito de ser sujeito[4]". Aqui Lacan trata da questão que me orientou neste texto sobre o que se escreve do caso clínico.

Continuando no "Prefácio", Lacan observa que a questão persiste: o que pode levar alguém a se *historisterizar* de si mesmo? Não pode ser seu próprio movimento, já que agora ele

---

[2] LACAN, Jacques. (1976) "Prefácio à edição inglesa do *Seminário 11*". In: *Outros escritos*. Trad. Vera Ribeiro. Rio de Janeiro: Zahar, 2003, p. 567.

[3] *Idem, ibidem.*

[4] *Idem*, p. 568.

sabe o fim reservado ao analista, como afirmara desde os textos fundadores da sua Escola: a "Proposição", o "Ato de fundação" etc. Então, "o que leva esse sujeito agora a tomar lugar nessa função, para além do estabelecer-se, de ganhar grana?" — pergunta-nos Lacan nesse artigo. "Havemos de admitir a existência de uma outra razão exigível para sustentar o status desta profissão recém-surgida na *histoéria*." "Por que então" — ele prossegue — "não submeter essa profissão à prova da verdade com que sonha [...] a chamada função inconsciente, na qual ela fuxica?[5]".

É que, continua Lacan, "a miragem da verdade [...] não tem outro limite senão a satisfação que marca o fim da análise[6]". Qual é esta satisfação? A de ter conseguido aquilo a que a psicanálise pode levar um sujeito — a se dizer satis-feito. *C'est ça!* É isso! Algo que faz cessar o longo percurso de uma análise. "Posto que dar essa satisfação é a urgência que a análise preside, interroguemos como pode alguém se dedicar a satisfazer esses casos de urgência[7]" — diz Lacan no mesmo artigo. Ou seja, como e por que alguém pode se dedicar a esta função? E, então, ele aborda uma questão extremamente importante: "trata-se aqui de um aspecto singular do amor ao próximo".

Se no seminário da *Ética* Lacan mostra, com Freud, que amar ao próximo é impossível[8], um verdadeiro horror, em outros textos mostrará que o analista não faz caridade, pois ele não é um santo, ele não é um santo homem. No "Prefácio",

---

[5] *Idem, ibidem.*
[6] *Idem, ibidem.*
[7] *Idem,* p. 569.
[8] LACAN, Jacques. (1959-1960) *O seminário, livro 7: A ética da psicanálise.* Trad. Antonio Quinet. Rio de Janeiro: Jorge Zahar Editor, 1988, p. 227.

Lacan afirma que "se trata de um aspecto singular do amor ao próximo", pois o que se apresenta na análise é algo diferente do próximo: "é a indiscriminação de uma demanda que nada tem a ver com o encontro de um [samaritano][9]". O que está em jogo é que o analista é um sujeito diferente. Ele é um sujeito cuja subjetividade passou por uma mutação. São essas as palavras que Lacan usa no seminário 8, *metamorfose*, *mutação* na economia de seu desejo[10]. A esse sujeito adveio um desejo mais forte, inédito, não existente na humanidade, o qual ele chamou de desejo do analista.

É esse desejo que o habilita a se oferecer nessa função. Na sequência do "Prefácio", Lacan esclarece: é a oferta que está em jogo. Ela vem primeiro. "A oferta é anterior à solicitação de uma urgência que não se tem certeza de satisfazer, exceto depois de pesá-la[11]". Portanto, Lacan está abordando a questão da formação do analista. O que habilita alguém a abrir um consultório, receber pessoas, sem ser a necessidade de arrumar uma profissão e ganhar dinheiro? É o ato que transforma o analisante em analista que cria nele a oferta de receber pessoas para lhes oferecer não um cuidado, uma melhora, uma ajuda, mas a psicanálise. O que isso quer dizer? Quer dizer ofertar ao sujeito um espaço para que ele possa se experimentar na fala. E pela fala poder desfazer o que foi feito por ela. Mas, sabemos, nem tudo pode ser desfeito nem transformado. Algo vai restar, não cabe na palavra. É o gozo que não cabe na palavra, mas

---

[9] LACAN, Jacques. (1976) "Prefácio à edição inglesa do *Seminário 11*". In: *Outros escritos*. Trad. Vera Ribeiro. Rio de Janeiro: Zahar, 2003, p. 569.

[10] LACAN, Jacques. (1960-1961) *O seminário, livro 8: A transferência*. Trad. Dulce Duque Estada. Rio de Janeiro: Jorge Zahar Editor, 1992, p. 187.

[11] LACAN, Jacques. (1976) "Prefácio à edição inglesa do *Seminário 11*". In: *Outros escritos*. Trad. Vera Ribeiro. Rio de Janeiro: Zahar, 2003, p. 569.

força a falar... falar... falar... até quando? Aí está o pulo do gato, até "sacar o jogo". Sacar a jogada, sacar a amarração na qual se está preso, observa Lacan no seminário *O momento de concluir* (1977-1978) e saber se virar com isso.

Há algo, portanto, que habilita aquele que ali se oferece agora "a satisfazer os casos de urgência que lhe aparecem[12]". Encontrar um analista não é, portanto, o encontro de um samaritano, um santo homem. É encontrar alguém que não é um *saint-homme*, mas que tem um *sinthome*: ele tem como sintoma a própria psicanálise. Em 1975, Lacan discorre longamente sobre isso na Jornada de cartéis[13]. Esse sujeito acredita na psicanálise. Lacan diz que é homólogo ao que ele já dissera sobre o homem acreditar na mulher; isso faz dela o sintoma dele. Não se deixa aqui também, com o *saint-homme,* de aludir a São Tomás de Aquino, aquele que sabe ao final que se é isso: resto, estrume. Isso é o que sua própria análise o fez perceber. Ele sabe o objeto que foi para o Outro. Fazer o luto dessa verdade, chegar à fecundidade do resto que o transmuta em causa é o que o leva a forjar no nó outra escrita. O que se escreve do caso, a meu ver, Lacan o demonstrou no nó borromeano. Está escrito. Há saber no real, e ele está escrito, mas não se pode lê-lo, pois nem tudo do inconsciente é legível, embora seja cifrado. Como no modelo da aranha, modelo de escrita, que Lacan nos traz no seminário 20: uma escrita forjada pelo real do sujeito que acede ao simbólico, com o corpo. Trata-se, portanto, do falasser e do encontro dos corpos. Sobre a escrita, cito-o:

---

[12] *Idem, ibidem.*

[13] LACAN, Jacques. (1975) "A função dos cartéis". Transcrição das Jornadas sobre cartéis. In: *Documentos para uma Escola*. Rio de Janeiro: Letra Freudiana. Ano 1, número 0. Publicação interna, p. 65-119.

> [...] se me fosse permitido dar-lhes uma imagem, eu a tomaria facilmente daquilo que, na natureza, mais parece aproximar-se dessa redução às dimensões de superfície que a escrita exige [...] — esse trabalho de texto que sai do ventre da aranha, sua teia. Função verdadeiramente milagrosa, ao se ver, da superfície mesma surgindo de um ponto opaco desse ser estranho, desenhar-se o traço desses escritos, onde [se] percebe os limites, os pontos de impasse, os becos sem-saída, que mostram o real acedendo ao simbólico.[14]

Segundo Marc Strauss, esta frase de Lacan o reteve

> [...] pela ironia cruel que consiste em comparar o balé dos corpos humanos àquele dos insetos presos numa teia de aranha. Encontra-se aí, nos diz ele, uma bela representação do inconsciente: crê-se agir segundo a própria vontade, mas apenas se está preso invisivelmente e sem o saber, na teia de aranha de um programa inconsciente. Mas, mais cruel que os filmes da série *Matrix*, Lacan não nos deixa nenhuma alternativa: nós não escaparemos, nós terminaremos propriamente devorados.[15]

Mas há saída, sim; estamos aqui porque sabemos que há saída. Essa é a alternativa que Freud e Lacan nos deixaram. Há saída na análise. Resta-nos, portanto, tentar formalizar: onde está, como se dá essa saída?

---

[14] LACAN, Jacques. (1972-1973) *O seminário, livro 20: Mais, ainda.* Trad. M.D. Magno. Rio de Janeiro: Jorge Zahar Editor, 1985, p. 126.

[15] STRAUSS, Marc. "O milagre da aranha". *A Peste: Revista de Psicanálise e Sociedade*. São Paulo, v.2, n.2, p. 503-507, jul./dez. 2010.

Sabemos que há saber no real, saber inconsciente, cifrado, que faz o rastro do sujeito. Mas a esse saber — efeito do significante sobre ele — o sujeito é assujeitado, pois ele lhe é imposto. Lacan destaca que o sujeito não fica à vontade com esse saber; ele não sabe o que fazer com ele. É o que ele chama, no seminário 24, de nossa debilidade mental, da qual nem ele mesmo era uma exceção, pois também tem de se haver com o mesmo material de todo mundo. "Esse material é também o que me habita", diz Lacan[16]. Mas, com ele, não sabemos nos virar, e é por isso mesmo que o sujeito só faz falar o mesmo. Repetir. Repetir. Falar sozinho,

> [...] salvo se a gente se abre ao diálogo, a dialogar com um psicanalista. Não há meio de fazer de outra maneira senão receber de um psicanalista essa alguma coisa que, em suma, altera [o que ali está escrito]. [E chama a atenção Lacan:] A boa vontade do analisante não encontra jamais nada de pior que a resistência do analista.[17]

Ou seja, podemos entender que há uma escrita cifrada, uma escrita que fabrica o falasser e sua causa inconsciente. É, no entanto, uma escrita ilegível, inacessível, feita pelo encontro do significante com o gozo do corpo. Apenas em um longo processo de análise é possível puxar o fio dessa meada. Com o corte do analista, o fio emaranhado, errante, que escreve o falasser, que escreve seu traço, seu rastro, torce, retorce, emenda de outro jeito, e a aranha que somos nós segue adiante, avança, escrevendo

[16] LACAN, Jacques. (1976-1977) *Seminário 24: L'insu qui sait de l'une-bévue s'aile à mourre*. Inédito. Tradução não comercial, Heresia, p. 44.
[17] *Idem,* p. 50.

essa narrativa que se chama viver, com o corpo. É uma outra maneira de entender o que Lacan diz que o corpo faz leito para o Outro. Fazer leito para o Outro significa que o corpo se constitui sintomaticamente com o material da linguagem — melhor dizendo, com o material de *lalíngua*, a linguagem que inclui o escutador. Assim, o corpo se faz, se constrói, se fabrica, quer dizer, se sintomatiza com o material da linguagem. Eis aí o mistério do corpo falante, diz Lacan. O sintoma é um acontecimento de corpo. Em "A terceira", de 1974, escreve Lacan: "Chamo de sintoma o que vem do real.[18]", "O sentido do sintoma é o real.[19]", "A decifragem se resume ao que faz a cifra, ao que faz o sintoma, é algo que não cessa de se escrever a partir real[20]".

Mas, mesmo não cessando, o que se faz aí, já que uma leitura dessa escrita é impossível e a aranha continua produzindo sua teia? O que se faz aí é destrinchar a meada, amarrá-la de outro jeito e, o melhor, sacar a forma em que se está embrulhado nela. Aí está a satisfação. Satis-feito: fez o bastante, matou a charada e encontrou uma maneira de se virar com isso. Saber se virar *(savoir y faire)*[21].

Voltando ao "Prefácio" de 1976, chegar a isso habilita o sujeito a se oferecer a dar a mesma satisfação aos casos que lhe chegam, pois ele sabe que não se trata de uma promessa vã. Ele confia que, se foi possível para ele, é possível, a depender da posição ética, a qualquer um (no sentido de "qual quer"?) que, com seu desejo, topar pagar o preço.

---

[18] LACAN, Jacques. (1974) "A terceira" In: LACAN, Jacques; MILLER, Jacques-Alain. *A terceira; Teoria da lalínga*. Rio de Janeiro: Zahar, 2022. p. 26.

[19] P. 27.

[20] p. 43.

[21] LACAN, Jacques. (1976-1977) *Seminário 24: L'insu qui sait de l'une-bévue s'aile à mourre*. Inédito. Tradução não comercial, Heresia, p. 44.

Por isso, nesse artigo, Lacan fala do passe. Pois é ali que se pretende, na Escola, que se possa verificar, a partir da *historisterização* da análise, o testemunho da maneira particular como cada um fez esse desenovelamento, o que ele fez da teia de aranha que o escreve e na qual ele estava enredado. Como foi sua própria passagem, aquela que foi do sintoma ao *sinthome*, ou seja, do enodamento murundum para um enodamento mais ajeitado, estiloso — ajeitado ao seu estilo. É isso que agora pode levá-lo a se ocupar da transmissão da psicanálise — da intensão à extensão —, pois é disso que se trata: de transmissão. E a se oferecer para receber as demandas de análise que lhe chegam.

Ao final desse artigo, afirma Lacan: "Assinalo que, como sempre, os casos de urgência me atrapalhavam enquanto eu escrevia isto. Mas escrevo, na medida em que creio dever fazê-lo, para ficar a par desses casos, fazer com eles par[22]".

Entendo que, com essa fala, Lacan nos convida a escrever, a formalizar os casos que conduzimos. Ele nos convida novamente a ser pelo menos dois: o que recebe seu analisante e o que teoriza para "ficar a par desses casos, fazer com eles par". Que *par-seria* é esta? Uma maneira inédita de trabalhar aos pares, como Freud nos ensinou, uma parceria absolutamente diferente de quaisquer outras. E o que está em jogo é o que o analista deve saber para se sustentar aí, para não escorregar de seu lugar, não entrar no lugar-comum, sempre esperado, do sujeito que, por se constituir no campo do Outro, encontra sempre ali seu objeto. E o que ele sabe, de "sabença sabida" (não é sabença aprendida), é que esse objeto é perdido, não há.

---

[22] LACAN, Jacques. (1976) "Prefácio à edição inglesa do *Seminário 11*". In: *Outros escritos.* Trad. Vera Ribeiro. Rio de Janeiro: Zahar, 2003, p. 569.

Ao circunscrever seu estatuto, que libera o centro do nó do tampão que o colmatava, forja então outra escrita, outro nó, nó Bô, segundo Lacan, por se errar na ortografia.

> O analista, ele trincha. O que ele diz é corte, quer dizer, participa da escrita, só que para ele, ele equivoca na ortografia. Ele escreve diferentemente, de forma que por graça da ortografia, de uma forma diferente de escrever, ele toca outra coisa que não aquilo que é dito.[23]

Ou seja, *Unbewusst — une bévue*. O inconsciente: "o que se sabe, consigo[24]".

Aqui está o compromisso ético do analista. Ocupar esse lugar para um sujeito é algo de grande responsabilidade, é ocupar o lugar do parceiro que tem a chance de responder. De seu ato, de sua interpretação, depende a possibilidade de modificação na programação inconsciente de um sujeito, não somente a de melhorar seus sintomas. A análise não é só uma terapêutica. Chegar aí é algo de uma radicalidade absoluta, pois é encontrar em si sua radical singularidade e poder sustentar no mundo sua voz. Isso é altamente político. Diz Lacan: "por isso é que tem toda razão quem põe a psicanálise à testa da política[25]". Essa é a política da psicanálise: uma ferramenta capaz de retirar o sujeito da massa dos uns todos iguais e levá-lo a sustentar no mundo a sua singularidade de fato e de direito.

---

[23] LACAN, Jacques. (1977-1978) *Seminário 25: O momento de concluir*. Inédito. Tradução não comercial, Heresia, p. 23-24.

[24] LACAN, Jacques. (1976) "Prefácio à edição inglesa do *Seminário 11*". In: *Outros escritos*. Trad. Vera Ribeiro. Rio de Janeiro: Zahar, 2003, p. 567.

[25] LACAN, Jacques. (1971) "Lituraterra". In: *Outros escritos*. Trad. Vera Ribeiro. Rio de Janeiro: Jorge Zahar Editor, 2003, p. 23.

Escrever os casos para ficar a par deles, nos diz Lacan. Escrever para poder se situar melhor no lugar a partir do qual a função analista tem a chance de responder àquele sujeito específico. Lacan, em seu esforço de formalização, utiliza bastante a lógica matemática, notadamente seus impasses, pois, segundo ele, é por aí que o real do caso pode vir a ser escrito. No entanto, ele diz: "O truque analítico não será matemático[26]". Qual será, então, o truque analítico, o truque que pode levar uma análise ao seu final? Seria ele poético?

Um sujeito no início da análise diz e repete: "eu gostaria que a análise desentupisse minha veia poética! Parece que tenho algo em mim que transborda, mas não sei falar nada disso. Quem sabe eu poderia escrever?" Depois de falar, falar, falar, inventar a memória, experimentar o resto como a vingança do nada que cobra a dívida no corpo, em forma do mais-de-gozar, uma separação entre o *a* e o -φ se produz, o que permitiu a travessia da fantasia e a abertura à outra versão do objeto *a*, como causa de desejo. Saber algo do que se foi como objeto para o Outro não é da ordem do que se aprende, é da ordem do que se prova, experimenta, em que o saber custa, vale quanto pesa. Ele é "custoso ou *gustoso*", diz Lacan[27] e se inscreve em forma de novas escritas. Em um sonho, uma cena: uma escrivaninha diante de uma janela com uma vista linda, um campo verde a perder de vista, o sujeito abre a gaveta, apenas um bloco de folhas e uma caneta. A mesa do analista. Do analista do campo de Freud e de Lacan.

Outra escrita, outra superfície. A veia poética não levou a ser poeta, mas à poesia, à estética e à ética. A buscar o belo no jeito

---

[26] LACAN, Jacques. (1972-1973) *O seminário, livro 20: Mais, ainda.* Trad. M.D. Magno. Rio de Janeiro: Jorge Zahar Editor, 1985, p. 159.

[27] *Idem*, p. 130.

de fazer, de trançar com as palavras para tocar no que é impossível de ser dito. O dizer. Melhor dizendo: que se diga. Melhor dizendo, falou e disse! O que foi possível dizer foi bem-dito! Bendita Psicanálise que permite que sejamos, também nós, poemas, o que pudermos, em nossa própria análise, escrever.

Trago aqui um poema de Jacques Prévert, que encaminhei aos colegas, no meio do cartel, com a pergunta: seria isso a escrita?

**Para fazer o retrato de um pássaro**
Primeiro pinte uma gaiola
com a porta aberta.
Depois pinte
algo gracioso
algo simples
algo bonito
algo útil
para o pássaro.
Então encoste a tela a uma árvore
em um jardim
em um bosque
ou em uma floresta.
Esconda-se atrás da árvore
sem falar
sem se mover...
Às vezes o pássaro aparece logo
mas ele pode demorar muitos anos
antes de se decidir.
Não desanime.
Espere.
Espere durante anos, se for necessário.
A rapidez ou a lentidão do pássaro

não influi no bom resultado
do quadro.
Quando o pássaro aparecer
se ele o fizer
observe no mais profundo silêncio
até ele entrar na gaiola
e quando ele assim agir
delicadamente feche a porta com o pincel.
Então,
apague uma a uma todas as grades
tomando cuidado para não tocar na plumagem do pássaro.
Em seguida, pinte o retrato de uma árvore
escolhendo o mais bonito de seus galhos
para o pássaro.
Pinte também a folhagem verde e o frescor do vento
o dourado do sol
e a algazarra das criaturas, na relva,
sob o calor do verão.
e então espere até que o pássaro decida cantar.
Se ele não cantar
é um mau sinal,
um sinal de que a pintura está ruim.
Mas se ele cantar é um bom sinal
um sinal de que você pode assinar.
Então, com muita delicadeza, você arranca
uma das penas do pássaro
e escreve seu nome em um canto do quadro.

E agora, falando em nó Bô, vou escrever meu nome:
Zilda BoM-achado

# A função da leitura e da escrita na construção de casos clínicos[1]

JULIETA L. DE BATTISTA[2]

## O PROBLEMA DO TRANSMISSÍVEL E DO INTRANSMISSÍVEL NA PSICANÁLISE

As possibilidades de transmissão da psicanálise constituem um problema que interroga os analistas desde o início: O que é possível transmitir dessa experiência, de que maneira, como fazer com o impossível de transmitir? A etimologia de "transmitir" nos remete à ação e ao efeito de enviar algo de um lado para o outro, uma passagem. A psicanálise é uma prática de escuta do sofrimento humano e dos avatares de seu inconsciente, uma prática de palavras que toca corpos gozantes; não é uma

[1] Tradução de *Thalita Castello Branco Fontenele.*

[2] Psicanalista, AME da EPFCL, membro do Fórum Argentino do Campo Lacaniano.

filosofia, nem pode se orientar por especulações sem base na experiência singular que lhe dá origem.

Por outro lado, a psicanálise também não pode ser reduzida a uma prática meramente clínica, se entendermos por clínica psicanalítica a elaboração conceitual que pode ser feita da experiência da análise. O conceito, *Begriff*, não pode capturar tudo o que está ao seu alcance: "[...] o conceito, isso se limita à pegada [Cf. "Begriff"], como a palavra *capere* implica, e que uma pegada não é suficiente para assegurar-se que é o Real que temos em mão.[3]". O conceito não é o mesmo que o verdadeiro. Em 1968, Lacan[4] advertiu sobre essa possível tentação para um analista: a de se tornar um clínico, ou seja, alguém que pode observar quais são os pontos-chave em um caso e operar ali a partir de seu saber fazer, teclando o que lhe fizer falta. Isso é importante como uma elaboração dessa prática, mas não é suficiente. Há algo na experiência de uma análise que excede suas possibilidades de elaboração clínica. Não podemos esquecer até que ponto insondável fazemos parte dessa experiência, e não apenas a observamos a partir de um conhecimento prévio já constituído que orientaria nosso fazer: "Vocês devem saber que o que há de mais verdadeiro em vocês faz parte desse teclado[5]".

O analista está dentro do quadro que, às vezes, pretende-se pintar[6]. Não é *per via di porre*, mas *per via di levare*[7]. O que opera

---

[3] LACAN, Jacques. (1974-1975) *Seminário 22: RSI*. Aula de 18 de março de 1975.

[4] LACAN, Jacques. (1968) "'En guise de conclusion'. Discours de clôture au Congrès de Strasbourg, le 13 octobre 1968". Disponível em: https://ecole-lacanienne.net/wp-content/uploads/2016/04/1968-10-13c.pdf, acessado em 27. 11. 2024.

[5] *Idem, ibidem.*

[6] *Cf.* a análise de Lacan do quadro *As meninas*, de Velázquez, no *Seminário 12*.

[7] FREUD, Sigmund. (1905) "Sobre a psicoterapia". In: *Obras completas, volume 6: três ensaios da teoria da sexualidade, fragmentos de uma histeria ("O caso*

em uma análise não é nem o saber do analista nem o saber que o analisando produz. A suposição de saber é necessária, mas o que opera em uma análise é o desejo do analista que convoca a tarefa do analisando e causa esse trabalho de análise. Isso não é redutível a uma clínica. Mas será que é transmissível?

## O CASO CLÍNICO COMO VIA FREUDIANA DE TRANSMISSÃO

Freud abriu um caminho ao decidir apresentar os progressos na elaboração da prática analítica por meio da exposição de historietas clínicas. Sempre fragmentárias e incompletas, as historietas freudianas tentavam tecer um enredo em torno de um ponto opaco, enigmático, que persistia apesar das tentativas de inseri-lo no que já era conhecido. Longe de afirmar que a historieta demonstrava tudo, Freud geralmente partia de alguma pergunta, expunha suas premissas e organizava o material fornecido pelo tratamento com base no que lembrava: "Portanto, o registro não é absolutamente — fonograficamente -fiel, mas pode reivindicar um alto nível de confiabilidade[8]".

Freud distingue claramente o analista que opera no tratamento daquele que elabora o que aconteceu. Uma coisa é causar o trabalho de análise e outra, bem diferente, é o trabalho de construção a que o material é submetido com base no que ocorreu na análise. O fragmentário é reproduzido em uma "incansável remodelação[9]", em um trabalho de síntese que converge

*Dora") e outros textos (1901-1905)*; tradução Paulo César de Souza. 1ª.ed. São Paulo: Companhia das Letas, 2016, p. 236.

[8] FREUD, Sigmund. (1905) "Análise fragmentária de uma histeria "O caso Dora, 1905 [1901]". In: *Obras completas, volume 6: três ensaios da teoria da sexualidade, fragmentos de uma histeria ("O caso Dora") e outros textos (1901-1905)*; tradução Paulo César de Souza. 1ª.ed. São Paulo: Companhia das Letas, 2016, p. 178.

[9] FREUD, Sigmund. (1918) "História de uma neurose infantil ("O homem dos lobos" 1918[1914])". In: *História de uma neurose infantil ("O homem dos lobos"): além*

para a construção. Talvez hoje possamos reconhecer essa posição freudiana na indicação já bastante desgastada de Lacan: é indispensável que o analista seja pelo menos dois, aquele que produz efeitos e aquele que os teoriza[10].

Os problemas das historietas e também suas estranhezas, aquilo que não é típico e que escapa às particularidades, encontram para Freud alguma solução com uma determinada construção[11]. Essa construção é um trabalho preliminar do analista, que ganhará confiabilidade na medida em que for indiretamente corroborada ou confirmada pelo surgimento de novas associações que apoiem essa construção ou pela posição que o analisando assume diante dela[12]. Uma construção é meramente uma "conjectura que aguarda exame, confirmação ou rejeição.[13]". O analista, então, inventa livremente ao narrar a historieta, como se fosse um escritor literário? "Nada existe de inteiramente fabricado em nossa construção, nada que não possa apoiar-se em fundamentos sólidos.[14]".[15]

---

*do princípio do prazer e outros textos (1917-1920)*. Tradução e notas: Paulo César de Souza. São Paulo, Companhia das Letras, 2010, p. 71.

[10] LACAN, Jacques. (1974-1975) *Seminário 22: RSI* . Inédito, aula de 10 de dezembro de 1974.

[11] FREUD, Sigmund. (1918) "História de uma neurose infantil ("O homem dos lobos" 1918[1914])". In: *História de uma neurose infantil ("O homem dos lobos"): além do princípio do prazer e outros textos (1917-1920)*. Tradução e notas: Paulo César de Souza. São Paulo, Companhia das Letras, 2010, p. 72.

[12] FREUD, Sigmund. (1937) "Construções em análise". In: *Obras psicológicas completas de Sigmund Freud: edição standard brasileira.* Rio de Janeiro: Imago, 1996, volume XXIII, p. 280-281.

[13] *Idem,* p. 283.

[14] FREUD, Sigmund. (1939) "Moisés e o monoteísmo, três ensaios". In: *Obras psicológicas completas de Sigmund Freud: edição standard brasileira.* Rio de Janeiro: Imago, 1996, volume XXIII, p. 99.

[15] *Cf.* a reflexão de Freud sobre as diferenças entre a tarefa do analista e a do literato: enquanto o primeiro disseca estados anímicos, o segundo pode inventá-los, ficcionalizá-los de acordo com a conveniência do relato que está

Longe disso, Freud se coloca mais próximo do arqueólogo que exuma ou do cirurgião que disseca. Sua "matéria-prima" — fragmentos de lembranças do reprimido que aparecem em sonhos, ocorrências alusivas, externalizações ativas do analisando na transferência — é submetida à operação de deduzir o reprimido a partir de seus vestígios, tirando conclusões do conjunto dos restos que foram preservados[16]. Não se constrói uma história qualquer, mas a história da doença, do surgimento das inibições, sintomas e angústia: "reconstrução de seu distúrbio[17]". E se constrói sabendo que o enredo não conseguirá tecer todo o material: "[...]os objetos psíquicos são incomparavelmente mais complicados do que os objetos materiais do escavador, e que possuímos um conhecimento insuficiente do que podemos esperar encontrar, uma vez que sua estrutura mais refinada contém tanta coisa que ainda é misteriosa.[18]" O saber

---

construindo. O literato pode censurar e sacrificar algum elemento que ameace ou obscureça a beleza ou a poesia do conflito que pretende transmitir. Ao analista não é permitido desconsiderar o horror. FREUD, Sigmund. (1905) "Análise fragmentária de uma histeria ("O caso Dora", 1905 [1901])" In: *Obras completas, volume 6: três ensaios sobre a teoria da sexualidade, análise fragmentária de uma histeria ("O caso Dora") e outros textos (1901-1905).* Trad. Paulo César de Souza. São Paulo: Companhia das Letras, 2016, p. 241.

Lacan localizou a origem do analista justamente no fato de que alguém, em sua análise, consegue filtrar a causa de seu próprio horror de saber para, a partir daí, saber ser descartado, descartado com entusiasmo, determinado a relançar o processo. LACAN, Jacques. (1973) "Nota italiana". In: *Outros Escritos.* Rio de Janeiro: Jorge Zahar Ed., 2003, p. 311-315.

[16] FREUD, Sigmund. (1937) "Construções em análise". In: *Obras psicológicas completas de Sigmund Freud: edição standard brasileira.* Rio de Janeiro: Imago, 1996, volume XXIII, p. 276.

[17] FREUD, Sigmund. (1920) "A psicogênese de um caso de homossexualismo numa mulher". In: *Obras psicológicas completas de Sigmund Freud: edição standard brasileira.* Rio de Janeiro: Imago, 1996, volume XVIII, p.

[18] FREUD, Sigmund. (1937) "Construções em análise". In: *Obras psicológicas completas de Sigmund Freud: edição standard brasileira.* Rio de Janeiro: Imago, 1996, volume XXIII, p.278.

do analista é, então, um saber vazado, um saber da impotência, a verdade só pode ser dita pela metade, um *rogaton* de saber[19], há apenas restos de saber que caem do trabalho do analisando, da suposição do saber. Com esses restos caídos da tarefa analisante é construída uma leitura do caso, exposição do saber.

## CONSTRUÇÃO DO CASO *VERSUS* FORMALIZAÇÃO? POSSÍVEIS USOS DAS APRESENTAÇÕES DE CASOS

As possibilidades de transmissão da psicanálise são cada vez mais confrontadas com a impossibilidade de acessar uma formalização integral. Mesmo que os analistas possam sonhar com essa formalização. Talvez esse seja o traço que permaneceu na transmissão de Lacan que, ao introduzir os nós em Encore, anuncia que a formalização matemática é seu objetivo, seu ideal, porque “somente ela é matema, quer dizer, capaz de se transmitir integralmente[20]”. Lacan se esforça para obter o modelo da formalização matemática, que é a substituição de um número por uma letra[21].

Ao mesmo tempo, ele reconhece que o real da experiência analítica não é o da matemática, mas o do mistério do corpo falante, o mistério do inconsciente, desses mundos que são sonhos de um corpo cuja substância vital é de outra ordem[22].

[19] Expressão de Lacan nas conferências sobre “O saber do analista”, em Sainte-Anne: “Esse saber, este não é suposto: ele é saber, saber caduco, migalha [*rogaton*] de saber, submigalha [*surrogaton*]de saber. Assim é o inconsciente. Esse saber — é o que assumo —, eu o defino, traço novo na emergência, por só poder postular-se a partir do gozo do sujeito.” LACAN, Jacques. *O Seminário, livro 19 : ... ou pior*. Rio de Janeiro: Zahar, 2012, p. 77.

[20] LACAN, Jacques. (1972-1973) *O Seminário, Livro XX : Mais, ainda.* Rio de Janeiro : Jorge Zahar, 1985, p. 161.

[21] *Idem*, p. 177.

[22] *Idem*, p. 171-177.

Afinal, a singularidade gozante de um ser falante é matematizável? Lacan também insiste na ideia de que "não há metalinguagem[23]", não é possível que a experiência singular da análise passe completamente para a formalização matemática: "O real só pode se inscrever por um impasse da formalização[24]"; "A questão analítica não será matemática. É por isso que o discurso da análise é distinto do discurso científico[25]". Essas afirmações de Lacan nos fazem ouvir que nem tudo é formalizável ou que a formalização matemática da psicanálise só pode ser um ideal, um horizonte. Talvez os avanços da inteligência artificial nos levem a pensar, hoje, se o algoritmo, que cada vez mais se intromete em nossas vidas, acabará fagocitando o futuro da psicanálise. Mas a experiência analítica também é um refúgio do humano: ela ocorre entre corpos falantes, entre os quais não há e não haverá uma relação sexual, embora existam as várias formas pelas quais o gozo é metabolizado em desejo, atadas à possibilidade do amor. Será que as máquinas conseguirão emular esse estranho encontro entre o desejo de um analista — objetividade singular — e o desejo da análise — sujeito singular?

Talvez este seja um debate atual: o que pode ser transmitido pela psicanálise e de que forma? Como evitar que a psicanálise se transforme em uma prática de efeitos epifânicos e inefáveis? Somente ao final de uma análise estão dadas as condições para a construção de um caso? Quem o constrói? O analisando? O analista? A partir de onde se dá essa construção? O passe é o "modelo" do caso? Construção do caso ou formalização? É possível formalizar a singularidade que em cada caso tentamos

---

[23] Idem, p.162.
[24] *Idem*, p.125.
[25] *Idem*, p.159

preservar? Levar a formalização ao extremo não implicaria estrangular essa substância gozante que faz a diferença absoluta que se espera obter em uma experiência analítica?[26]

Freud costumava especificar quais suposições teóricas estavam envolvidas na organização do material para sua apresentação[27] e estabelecia suas perguntas, os pontos opacos. Atualmente, a apresentação de casos clínicos em psicanálise tem usos muito diferentes. Nasio destaca pelo menos três possíveis funções das apresentações de casos: uma didática (o caso é um exemplo que sustenta um conceito, mostra uma situação clínica); uma metafórica (o caso se torna um emblema, uma metáfora do conceito); e uma heurística (o caso gera um novo saber, ultrapassa sua função didática e metafórica para originar novos conceitos)[28]. Consideramos que a função ilustrativa do caso prevalece hoje, especialmente na forma de vinhetas clínicas que são apresentadas para exemplificar, mostrar, ilustrar este ou aquele conceito já adquirido em uma determinada

---

[26] *Cf.* a reflexão de Fabián Schejtman sobre a "formolização" — um jogo de palavras em espanhol entre formalização e formol-ização, sendo o formol uma substância química historicamente usada para embalsamar corpos e, assim, preservar seus tecidos para fins de pesquisa. SCHEJTMAN, Fabián. *Ensayos de clínica psicoanalítica nodal.* Buenos Aires: Grama ediciones, 2013.

[27] Substituir toda a nota por: "Tenho um motivo especial para usar a palavra 'concepção', aqui. Estes são os problemas mais difíceis que se nos apresentam, mas sua dificuldade não está em alguma insuficiência de observações; o que nos propõem esses enigmas são realmente os fenômenos mais comuns e mais conhecidos. Nem a dificuldade se situa na natureza recôndita das especulações a que eles dão origem; a reflexão especulativa desempenha uma parte insignificante nessa esfera. É, contudo, verdadeiramente uma questão de concepções — isto é, de introduzir as ideias abstratas corretas, cuja aplicação ao material bruto da observação nele produzirá ordem e clareza." FREUD, Sigmund. (1933) "Ansiedade e vida institual" In: *Obras completas, volume XXII.* Rio de Janeiro, Imago, 1996.

[28] NASIO, Juan-David. "O que é um caso?" In: *Los más famosos casos de psicosis.* Buenos Aires: Paidós, 2000.

comunidade de analistas. Le Gaufey ressalta que as apresentações ilustrativas costumam estar a serviço de um certo consenso em uma comunidade de analistas: conformação de um saber paradigmático que fortalece o grupo[29]. Ele as diferencia daquelas apresentações de casos em que alguma contingência do vínculo transferencial é exposta, única, com o risco de se constatar que "os analistas são os sábios de um saber sobre o qual não podem falar[30]".

Uma gramática do caso — elaborada de acordo com as normas implícitas de uma prática e o consenso de um grupo de analistas — pode coexistir com uma heurística do caso, que se abre para o não sabido? Talvez as apresentações dos casos nos deem uma boa visão geral do estado da teoria analítica em suas relações com a prática, e mais ainda de sua ética — a práxis da teoria. A leitura dos testemunhos de passe muitas vezes nos permite inferir qual era a doxa defendida por uma comunidade de analistas em um determinado momento. Por outro lado, seria necessário precisar os alcances da formalização na psicanálise — ou seja, a parte da experiência analítica que pode ser transmitida em fórmulas ou matemas — e suas limitações: a diferença absoluta que habita em cada um e que um analista se empenha em obter.

## O ANALISTA E O CLÍNICO

A apresentação de um caso pode expor os preconceitos do analista e o ponto em que ele se encontra em relação à teoria,

---

[29] LE GAUFEY, Guy. *El caso em psicoanálisis. Un ensayo de epistemología clínica.* Edições literais, 2021.

[30] LACAN, Jacques. (1967) "Proposição de 9 de outubro de 1967 sobre o psicanalista da Escola." In: *Outros Escritos.* Rio de Janeiro: Jorge Zahar Ed., 2003, p. 248-264.

pode ter uma função de contratransferência, entendendo contratransferência como "a soma dos preconceitos, das paixões, dos embaraços e até mesmo da informação insuficiente do analista[31]". Isso fica evidente na leitura que Lacan faz do caso Dora. Freud organizou a apresentação desse material com a questão norteadora de como os sonhos são tecidos no trabalho analítico, tendo como pano de fundo a sobredeterminação do sintoma, o papel da defesa diante da sexualidade infantil e das fantasias. Entretanto, a apresentação desse caso beira o não sabido[32], o que escapa às possibilidades de conceitualização freudiana daquele momento: o papel enigmático da outra mulher, a pulsão ginecofílica, a transferência, a necessidade de punição. Apesar dos preconceitos freudianos que obscurecem a leitura do caso — o suposto amor pelo Sr. K, a simetria do Édipo etc. —, a torrente de associações delineia outro caminho, outros canais suscetíveis de serem lidos a partir de outras hipóteses que a própria exposição do material nos convida a formular.

Esse caso, apresentado fragmentariamente, lança luz sobre o alcance da legibilidade das hipóteses freudianas, mas também sobre seus impasses, que insistem em aguardar outra leitura possível. Assim, o caso que se pretendia ilustrar abre-se para a geração de novas hipóteses. Por outro lado, o material não admite um número infinito de leituras possíveis, resiste aos

---

[31] LACAN, Jacques (1951) "Intervenção sobre a transferência" In: *Escritos*. Rio de Janeiro: Jorge Zahar Ed., 1998, p. 224.

[32] Freud localiza o não reconhecido -*Unnerkant*- como o insondável do sonho, seu umbigo, que deve ser deixado na obscuridade, um impossível de reconhecer que é a insondável origem do desejo: o umbigo, o buraco, em torno do qual toda a trama é tecida. FREUD, Sigmund. (1900) "A interpretação dos sonhos". In: *Obras Completas, volume 5*. Rio de Janeiro: Imago, 1996.

preconceitos que podem se infiltrar no analista, não os acompanha. Ele lhes objeta. O saber que pode ser extraído segue certas linhas de força. Um cristal não se quebra caprichosamente, ele segue certas linhas de fratura, certas linhas de cisão "cujos limites, embora fossem invisíveis, estavam predeterminados pela estrutura do cristal[33]". Há um real na exposição dos casos. Nem toda leitura é possível. Lacan enfatiza que há uma objetividade na configuração subjetiva[34] e que é necessária uma certa "atitude de submissão ao real[35]". Freud atribuiu grande importância às concepções a partir das quais a leitura do material clínico é organizada:

> No próprio assunto há sempre algo que nos comanda e nos desvia de nossas intenções iniciais. Mesmo uma tarefa tão modesta como ordenar um material bem conhecido não se sujeita inteiramente ao arbítrio do autor; ela se cumpre como bem entende, e tudo que podemos fazer é perguntar, posteriormente, por que seu cumprimento resultou dessa maneira e não de outra.[36]

Constrói-se um campo de legibilidade da experiência analítica, que tem suas linhas de força, mas também seus impasses, levando em conta que: "será equacionado apenas se o que se constitui uma pedra no caminho de uma teoria puder tornar-se

---

33 FREUD, Sigmund. (1933) A dissecação da personalidade psíquida. In: *Obras Completas, volume XXII*. Rio de Janeiro: Imago, 1996, p. 64.

34 LACAN, Jacques. (1969-1970) *O seminário: livro 17: O avesso da psicanálise*. Rio de Janeiro: Jorge Zahar Ed., 1992, p. 82.

35 LACAN, Jacques. (1936) "Para além do 'Princípio de realidade'". In: Outros Escritos. Rio de Janeiro: Jorge Zahar Ed., 1996, p. 84.

36 FREUD, Sigmund. (1916- 1917) O estado neurótico comum. In: *Obras completas, volume 13: conferências introdutórias à psicanálise*. Trad. Paulo César de Souza. São Paulo: Companhia das Letras, 2014,p. 501-502.

a pedra angular da teoria que a substituirá[37]". O impasse cernido por um analista pode mais tarde ser lido de forma diferente por outro analista.

Constrói-se, então, um trabalho de leitura, com seus limites, com o objetivo de vasculhar esses impasses que testemunham um real que escapa às possibilidades de formalização. A leitura da letra freudiana conduz Lacan aos impasses de Freud, em torno dos quais ele tece uma hipótese: o papel preponderante do desejo de Freud na transmissão da psicanálise[38]. Talvez valha a pena perguntar sobre o papel do desejo lacaniano com relação ao ideal da formalização matemática e seu impacto na transmissão da psicanálise.

## FUNÇÃO DA LEITURA, FUNÇÃO DA ESCRITA

Neste ponto, é útil voltar à proposta de Lacan em *Encore* sobre a função da leitura e da escrita no discurso analítico. Nesse discurso, trata-se de uma questão do que é lido, independentemente de o sujeito ter sido incitado a dizer. No discurso analítico, supomos que o sujeito do inconsciente saiba ler e "não só vocês supõem que ele sabe ler, como supõem que ele pode aprender a ler.[39]". Qual é essa dimensão da leitura? O que é enunciado como significante recebe outra leitura além do que significa. Lacan dá dois exemplos vívidos: o do voo da abelha que vai de flor em flor, no qual pode ser lido que transporta pólen de uma flor para outra. Ou o exemplo dos pássaros voando baixo, que muitas vezes é

---

[37] FREUD, Sigmund. (1933) "Ansiedade e vida institual". In: *Obras completas, volume XXII*. Rio de Janeiro, Imago, 1996, p. 106.

[38] LACAN, Jacques (1964) *O seminário, livro 11: os quatro conceitos fundamentais da psicanálise*. Rio de Janeiro: Jorge Zahar Ed., 1988, p. 20

[39] LACAN, Jacques. (1972-1973) *O seminário, livro 20: Mais, ainda*. Rio de Janeiro: Jorge Zahar Ed., 1985, p. 52.

lido como o anúncio de tempestade. Nem a abelha lê seu papel na reprodução das plantas, nem os pássaros pressagiam nada.

O que é lido difere do que pode ser escrito. Como a leitura é posta à prova? Lacan assinala que a não suposição de saber é uma condição estrita para colocar a leitura à prova, uma vez que a suposição de saber é acompanhada pelo amor de transferência. Por outro lado, a escrita se define pelo efeito de *ravinamento*[40] — palavra que se refere à erosão produzida pelas correntes de água e ao efeito produzido pela precipitação desse material em suspensão: "A escrita é um traço onde se lê um efeito de linguagem[41]". Esses sulcos erodidos são oferecidos à leitura que tece uma trama: *"lier et lire, c'est les mêmes lettres, faites-y attention*[42]". Para a função do escrito, Lacan recorre à imagem da teia de aranha e sua origem: "esse trabalho de texto que sai do ventre da aranha, sua teia. Função verdadeiramente milagrosa, ver surgir uma superfície de um ponto opaco desse ser estranho, desenhar o traço de seus escritos, onde captar os limites, os pontos de impasse, de beco sem saída, que mostram o real acessando o simbólico[43]". A letra desenha a borda do furo no saber[44]. A trama construída na transmissão de um caso é não-toda, ela conserva a marca de seus impasses, as cicatrizes dos desejos que estão em sua origem. As historietas

---

[40] LACAN, Jacques (1971) *O seminário, livro 18: De um discurso que não fosse semblante.* Rio de Janeiro: Jorge Zahar Ed., 1998, p.114.

[41] LACAN, Jacques. (1972-1973) *O seminário, livro 20: Mais, ainda.* Rio de Janeiro: Jorge Zahar Ed., 1985, p. 164.

[42] Nota da editora: na edição brasileira oficial do seminário "Mais, ainda", esse trecho aparece como: "e notem que o ligado inclui o lido". In: LACAN, Jacques. (1972-1973) *O seminário: livro 20: Mais, ainda.* Rio de Janeiro: Jorge Zahar Ed., 1985, p. 163.

[43] *Idem*, p. 126.

[44] LACAN, Jacques. (1971) "Lituraterra". In: *Outros Escritos.* Rio de Janeiro: Jorge Zahar Ed., 2003.

freudianas levam a marca do desejo freudiano pelo pai. E o desejo de Lacan?

Lacan foi um grande leitor do desejo freudiano e, além disso, também conseguiu captar o que estava escrito nas grandes historietas freudianas. O caso *Aimée* conserva uma certa marca do desejo de Lacan na escolha desse nome: Amada. Em várias ocasiões, Lacan a homenageia e nos deixa ler o amor de transferência que atravessa sua leitura do caso, sua maneira de lhe supor um saber. Em 1970, convidado para o serviço de Daumezon, onde fazia apresentações de pacientes, Lacan defende o método que utilizou no caso Aimée nos seguintes termos: "Minha paciente, que chamei de Aimée, era realmente muito comovente. Não vejo absolutamente nenhuma diferença entre o modo como procedi com ela e o que ensino agora[45]". Ele reconhece que, naquela época, estava longe de ter as categorias de que dispunha na década de 1970, especialmente a do objeto *a*, mas enfatiza que nada mudou muito no que diz respeito ao método: "Se vocês relerem minha tese, verão esse tipo de atenção ao trabalho, ao discurso da paciente, a atenção que dei a ela não é diferente do que fui capaz de fazer depois[46]"

E, de fato, no caso *Aimée,* tal como Lacan o construiu, outras leituras são possíveis além daquelas que inicialmente comandaram a exposição desse material. Lacan esperava demonstrar a relação entre paranoia e personalidade — embora quarenta anos depois ele tenha concluído que a paranoia *é* a personalidade[47] — e,

---

[45] LACAN, Jacques. (1970) *Apports de la psychanalyse à la sémiologie psychiatrique. Intervention chez Daumezon*. Inédito. Disponível em: https://ecole-lacanienne.net/wp-content/uploads/2016/04/1970-00-00-1.pdf. acessado em 02.12.2024.

[46] *Idem, ibidem.*

[47] LACAN, Jacques. (1975-1976) *O seminário, livro 23: O sinthoma*. Rio de Janeiro, Jorge Zahar Ed., 2007.

talvez, que a história da psiquiatria se lembrasse dele por ter identificado uma nova entidade: a paranoia da autopunição[48]. Mas, na substituição do primeiro nome da paciente pelo de *Aimée* — Amada, amor de transferência por meio de — escapa um fato real em jogo no caso. A *Aimée* de Lacan não é a Marguerite de Allouch[49]. Marguerite é o nome omitido por Lacan, mas é também o nome de uma irmã mais velha da paciente que morre em um acidente doméstico, talvez por descuido, queimada na lareira. Nossa Marguerite foi concebida como uma substituta para essa Marguerite morta. Se nos submetermos ao real, o delírio de *Aimée* — eles querem assassinar seu filho — revela um certo método[50], envolve uma certa verdade histórica vivencial[51] das três gerações nas quais a configuração do desejo de um sujeito é gestada. Eles matariam seu filho para puni-la por ser uma mãe criminosa[52], maledicente...é a nota autoacusatória[53] que corrói a leitura lacaniana do caso *Aimée*, a ponto de levá-lo a admitir a possibilidade de uma hipótese mais simples do que a da construção barroca da paranoia de autopunição: a perversão do instinto materno com a pulsão de assassinato[54], um desejo infanticida. Outra leitura possível desses traços cicatrizados que se encontram no caso.

---

[48] "Nous n'avons point en effet l'ambition d'augmenter d'une entité nouvelle la nosologie déjà si lourde de la psychiatrie". LACAN, Jacques. *De la psychose paranoïaque dans ses rapports avec la personnalité*. Paris: Seuil, 1975, p. 265.

[49] *Cf.* ALLOUCH, Jean. *Marguerite ou l'Aimée de Lacan*. Paris: EPEL, 1990.

[50] "A essência dela é que há não apenas método na loucura como o poeta já percebera, mas também um fragmento de verdade histórica." FREUD, Sigmund. (1937) "Construções em análise" In: *Obras completas, volume XXIII*. Rio de Janeiro: Jorge Zahar ed., 1996. p. 275-287.

[51] "O delírio deve sua força convincente à parte da verdade histórica vivencial que ele coloca no lugar da realidade rejeitada". *Idem*, p. 270. Tradução livre.

[52] LACAN, Jacques. *De la psychose paranoïaque dans ses rapports avec la personnalité*. Paris: Seuil, 1975, p. 163.

[53] *Idem*, p. 272.

[54] *Idem*, p. 265, n.14.

## CONCLUSÃO

A singularidade da diferença absoluta que é tecida em um caso delineia seus traços, bordeando o impossível de transmitir. A fina teia do enredo tenta prender algo do real que insiste em escapar. O aluvião significante precipita todo esse material em suspensão e dilacera as ficções, produzindo erosões, sulcos e canais. A submissão ao real mantém afastadas as fantasias do analista que podem criar outras ficções. Transmitir a psicanálise por meio da apresentação de casos nos lembra que a psicanálise é, antes de tudo, uma prática altamente singular que liga o desejo do analista ao trabalho do analisando, por meio do sintoma. Até que ponto nós, analistas, estamos dispostos hoje a sentar no banquinho, questionar a nós mesmos e dar nossas razões?

# O saber, a verdade e o real

ALBA ABREU LIMA[1]

> Dentro de mim, vão nascendo palavras liquidas, num idioma que desconheço e me vai inundando todo inteiro.
>
> Mia Couto

Qual saber a psicanálise oferece ao sujeito para que possa desvendar o sofrimento do sintoma e aceder a um novo modo de suportar a existência, diverso do da neurose? Freud se dedicou a elaborar os princípios e a elucidação, através da palavra, na associação livre, da experimentação desse saber. Um saber que deve ser degustado, pois não se refere a uma abstração, uma vez que o analisante no começo da análise não sabe o que diz e se surpreende ao se escutar no divã.

Freud nos apresentou um novo sujeito — o sujeito do inconsciente —, a subjetividade que desbancou o eu de sua supremacia. Respeitou a fala de seus pacientes ao escutar a

[1] AME da EPFCL — Escola de Psicanálise dos Fóruns do Campo Lacaniano/ Fórum Aracaju. É autora do *livro Psicologia Jurídica: lugar de palavras ausentes*.

verdade desconhecida do eu, mas própria do sujeito do inconsciente. Foi aquele que deixou, sob o nome de inconsciente, que a verdade falasse. Em "Análise terminável e interminável", recomendou, inclusive, que a relação analítica fosse fundada no amor à verdade[2].

A verdade que interessa a Freud é a verdade sobre a posição do sujeito em relação ao gozo. Quando a psicanálise convoca alguém a falar "toda a verdade" de seus sintomas, segredos, sonhos e fantasias, é como se ela se dirigisse ao desconhecido, ocorrendo a emergência da angústia. O dispositivo freudiano coloca o sujeito diante dessa prova da angústia, sob transferência, para que tenha acesso ao desejo. A operação transferencial, colocação em ato da realidade do inconsciente e mola mestra do processo, orienta o caminho até a verdade, o acesso ao saber inconsciente e a regulação da relação do sujeito com a falta, não para encobri-la, mas para que a experiência possa transformá-la.

Lacan problematiza o caminho da decifração freudiana e a leitura do saber inconsciente: "Quanto à análise, se ela se coloca por uma presunção, é mesmo por esta, que se possa constituir, por sua experiência, um saber sobre a verdade."[3] Ainda que seja pouca a verdade a ser alcançada por vias torcidas, ela é indispensável, diz ele.

No entanto, a estrutura da verdade indica que o gozo do ser falante se revela como uma objeção, uma falha no programa do princípio do prazer. Contar sua história, localizando as

---

[2] FREUD, Sigmund. (1937)"Análise terminável e interminável". In: *Obras completas, volume 19: Moisés e o monoteísmo, Compêndio de psicanálise e outros textos*. São Paulo: Companhia das Letras, 2011, p. 13-113.

[3] LACAN, Jacques. (1972-1973) *O seminário, livro 20: Mais, ainda*. Trad. M.D. Magno. Rio de Janeiro: Jorge Zahar Editor, 1985, p. 123.

conjecturas sobre o passado e atribuindo a elas sentido, por si só, não se mostrou suficiente para que a verdade inconsciente se revelasse ao sujeito. O esquecido que é veiculado nos sintomas, chistes, atos falhos e sonhos, mesmo traduzindo a verdade do mais-de-gozar, não pode ser totalmente apreendido, pois a rememoração simbólica não toca o real pulsional. Freud tropeça nessas manifestações residuais, resto de libido em meio ao conjunto de significantes. Isso quer dizer que a libido não se deixa decifrar inteiramente, pois há fixação; a dificuldade em dizer tudo da regra da associação livre esbarra na permanência do sintoma, que mesmo depois de ser interpretado, permanece. Daí o pessimismo de Freud quanto à elucidação simbólica dos nós significantes que liberariam o sujeito do sintoma. Se a rememoração simbólica lida com a metáfora e a metonímia, trazendo movimento e fluidez, a manifestação residual é fixação, irremovível.

Se o programa edípico que foi oferecido como solução do enigma fracassa, Lacan propõe ir além do sentido, naquilo que escapa e ultrapassa tudo que é da ordem do significante, operando nas vias de acesso da verdade e os efeitos enigmáticos do gozo. A análise, portanto, deve apreender as razões desse fracasso, verificação dessa impossibilidade num trajeto lógico para alcançar algo do real. E não existe outra via senão da própria análise para elaborar a relação como os elementos rastreáveis do infantil que retornam.

No seminário *O avesso da psicanálise*, Lacan articula sua teoria dos discursos — uma máquina de transformação do gozo[4]. Tomar a psicanálise pelo avesso implicaria, então, ultrapassar

[4] LACAN, Jacques. (1969-1970) *O seminário, livro 17: O avesso da psicanálise*. Trad. Ari Roitman. Rio de Janeiro: Jorge Zahar Editor, 1992.

a prática freudiana ancorada no campo da significação fálica estabelecido pela castração e o Édipo para constituir os discursos como escrituras, transformando esses operadores em discursos, suplantando assim a centralidade topológica do pai.

Descolonizar o Real habitado pelo pai simbólico exige a formalização de outro tratamento a ser dado ao Real, desta feita considerando a impossibilidade da significação e do sentido, o que é revelado no dizer "não há relação sexual". Dito de outro modo, Lacan vai situar o discurso como uma estrutura que ultrapassa a palavra e as relações de significação, porque estas estão diretamente atreladas à falta de significante no Outro S(%) e coloca os discursos girando em torno da impossibilidade de tudo saber, de tudo gozar.

O sujeito se inscreve no Outro pela perda e, desse modo, se submete à entrada na cadeia significante. No entanto, o significante que decidiria sua relação com a verdade está perdido e ele não consegue apreender o que é no desejo do Outro, pois é da ordem de uma incógnita, um enigma. Por conta disso, uma análise visa a produção de um desejo próprio do sujeito, para que ele não seja capturado na posição de objeto do Outro: um desejo que não se sustente mais na fantasia que lhe fornecia o enquadre da realidade.

Assim, a invenção da psicanálise realoca a questão do saber, pois, diferentemente da religião ou da ciência, afiança que há saber que não se sabe (*unbewusste*). O saber articulado, que vai de um significante a outro, engendra necessariamente uma falta-a-saber, mantendo o sujeito em uma busca constante de complemento de saber. Trata-se de um saber que foi arquitetado pelo sujeito na fantasia em uma configuração de como interpretou o encontro com o gozo do Outro, dando consistência a essa dimensão do Outro em sua vida.

A análise lacaniana implica em pressionar os significantes para extrair um saber do que foi cifrado pelo gozo em memórias de infância, contingências do encontro com a falta do Outro e nos mitos e lendas inventados na história de um sujeito. O analista deve corrigir essa operação neurótica — na qual a fantasia fixa um sentido — para acercar-se do saber não sabido. Lacan sugere, além da escuta, que o analista deveria ensinar o sujeito a ler o inconsciente[5].

O analista está assentado para fazer supor um saber enquanto verdade na fala de seu paciente. Mas se Lacan pôde ir além do amor à verdade, foi ao propor a interpretação como um saber no lugar da verdade sabendo que esta tem uma estrutura de ficção, já que se faz a partir da estrutura da linguagem. A ética da psicanálise se funda numa relação que não é do conhecimento, mas do que ressoa nas palavras do real para separar o sujeito do Outro. A consequência lógica dessa ética é a invenção de um novo saber, não mais aquele disposto pelo Outro, mas um novo desfecho ao que lhe foi apreendido como destino.

Diríamos que um dos principais efeitos do deslocamento do campo da significação ao campo do não-sentido foi uma nova concepção lacaniana do saber, não mais entendido como uma articulação significante, mas como um modo de encaminhamento da satisfação pulsional, portanto diretamente atrelado à repetição e assimilado como um aparelho de grafia do gozo.

O sujeito que padecia dos efeitos do saber inconsciente sem sabê-lo, e que esperava reduzi-los, sabe agora do irredutível do saber no real, pelo que se vê afetado, e percebe o que isso implica de incurável. Com essa posição ética em relação à verdade,

[5] LACAN, Jacques. (1971) *O seminário, livro 18: De um discurso que não fosse semblante.* Trad. Vera Ribeiro. Rio de Janeiro: Jorge Zahar Editor, 2009.

é possível, no percurso analítico, obter um tanto de saber que pode ter um impacto sobre o real do sintoma.

Lacan, ainda no seminário *Mais, ainda,* compara o trabalho da análise ao trabalho da aranha, pois tal como ela, que faz brotar a teia de um ponto opaco desse ser — que mostra o real acedendo ao simbólico. O sujeito segue em uma análise tecendo suas redes significantes, mas conserva as pegadas do ponto obscuro que é a relação com o gozo, marca da singularidade que indica como cada um se desenrola com a impossibilidade estrutural[6]. Essa arquitetura enuncia o que Lacan indica como leitura do inconsciente: as infinitas voltas na teia para extrair os elementos reduzidos ao mínimo. Destituição dos significantes mestres a partir da posição que o analista ocupa na operação analítica como objeto *a* causa de desejo do sujeito, permitindo construir um saber no lugar da verdade, emancipando-se do efeito alienante dos $S_1$s. Cada analisante diz das condições fantasmáticas que o conduziram até então, para recolher, no marco analítico, um saber com o qual orientar-se e viver melhor.

Essa é a distinção entre a análise e as psicoterapias. Uma psicanálise aposta na redução do sentido através do guia estrutural da falha no saber, levando o sujeito a uma nova posição frente ao saber. Nos testemunhos de passe podemos encontrar e nomear o ponto obscuro de onde o sujeito tece sua teia, a relação com o gozo. As palavras são capazes de dar borda ao impossível estrutural do S(Ⱥ) mesmo trabalhando com a verdade semi-dita e o saber que resta da articulação significante.

---

[6] LACAN, Jacques. (1972-1973) *O seminário, livro 20: Mais, ainda*. Trad. M.D. Magno. Rio de Janeiro: Jorge Zahar Editor, 1985, p. 126.

O saber adquirido numa análise, se estamos na clínica do real, fornece ao sujeito um modo de lidar com a amarração da triplicidade lacaniana — real, simbólico e imaginário — deslocando-o do seu gozo e franqueando a castração, numa maneira inédita de estar no laço social sem aderir ao discurso do Outro.

# Do causo ao caso

THALITA CASTELLO BRANCO FONTENELE[1]

Autores como Christian Dunker já se dedicaram suficientemente à "genealogia" do caso clínico, indicando suas definições teóricas e características formais, seu uso, controvérsias e as funções a que isso se prestou ao longo da história do que se entende por clínica[2]. Aqui, vou tentar me deter a algo mais específico da prática.

No percurso de uma análise, lidamos com queixas, reminiscências, a invenção do romance familiar e da transferência, filiação significante, posicionamento do sujeito frente ao Outro, cena infantil, irrupção do gozo próprio, atualizações, resistências, inibição, sintoma, angústia, pontos de virada, abertura do inconsciente, destituição do Outro, tristezas, renovação do desejo, e, por fim, às vezes, com o desejo do analista,

---

[1] Psicanalista, membro da EPFCL, EPFCL-Brasil e FCL-Fortaleza.

[2] DUNKER, Christian. *Estrutura e constituição da clínica psicanalítica. Uma arqueologia das práticas de cura, psicoterapia e tratamento*. São Paulo: Annablume, 2011.

a satisfação, o *gay sçavoir*... Tudo isso se constrói, se seguirmos a ideia freudiana de construção[3], no processo de formalização do caso. No entanto, declinando semanticamente esta palavra, chegamos a *casus*, *cadere*, queda. Trata-se de algo que cai. O que, afinal?

A análise, como sabemos, é uma prática de desidentificação, uma prática na qual o sujeito se desaliena do desejo do Outro. Em determinada perspectiva, isso seria o bastante para a construção do caso: que se pudesse fazer a leitura e interpretação da gramática do sujeito, digamos, e de como ele conseguiu se separar dos significantes do Outro. No entanto, isso não nos diz qual relação ele possui com a marca de seu gozo. Nesse ponto, chegamos a outra perspectiva, tese de Luis Izcovich, que propõe um passo além: cernir como funciona o "impossível de suportar", localizado no corpo[4]. Estamos falando do gozo.

## A ÉTICA DO CASO

Segundo esse autor, o que se deve buscar em um caso é a exceção, pois é nela que se encontra a garantia do que é o ato analítico — não porque a exceção confirme a regra, mas, porque, por outro lado, ela lhe faz objeção. Para tanto, é preciso estar atento ao traço específico do sujeito, o singular, aquilo que faz diferença. Isso decorre do fato de que a lógica lacaniana se interessa exatamente pelo que resta, atrapalha, falta... É a lógica não-toda fálica, a partir da qual Lacan questiona a

[3] FREUD, Sigmund. (1937) "Construções na análise". In: *Fundamentos da clínica psicanalítica*. Belo Horizonte: Autêntica, 2021.

[4] IZCOVICH, Luis. *La clinique du cas en psychanalyse*. Paris: Stilus, 2023, p. 127. Tradução livre.

universalidade da linguagem[5]. Não estamos falando, portanto, de um trabalho pela via nem do universal, nem do particular, mas da singularidade, de modo que a investigação diagnóstica não é suficiente.

> [...] o sintoma é particular no sentido em que se liga a uma estrutura clínica. A singularidade é outra coisa. Ela é determinada pelas marcas do gozo infantil; elas estão sempre fora da norma. E a análise é o que programa um saber-fazer com esta exceção. Nesse sentido, em uma psicanálise passamos de uma singularidade mascarada pelas identificações do sujeito para uma singularidade revelada. Aí estamos no nível da singularidade paradigmática e é isso que nos concerne na clínica do caso em psicanálise.[6]

Assim, a história clínica — ou o causo, como me atrevo a chamar — e mesmo a elaboração diagnóstica da estrutura e dos tipos clínicos são importantes, mas interessam menos do que a tentativa de cernir ou formalizar a singularidade de cada um. Afinal, os ditos são necessários, mas eles tendem a se multiplicar imaginária e simbolicamente, já que se relacionam ao Outro. Diferentemente, o dizer amarra algo próprio do sujeito, é uma construção apoiada no real. A questão ética da psicanálise está articulada ao real[7], a como responder ao real a partir de si, portanto, a partir de um dizer singular.

---

[5] LACAN, Jacques. (1972-1973) *O Seminário, livro 20: Mais, ainda*. Trad. M.D. Magno. Rio de Janeiro: Zahar, 2008.

[6] IZCOVICH, Luis. *La clinique du cas en psychanalyse*. Paris: Stilus, 2023, p. 126. Tradução livre.

[7] LACAN, Jacques. (1959-1960) *O Seminário, livro 7: A ética da psicanálise*. Trad. Antonio Quinet. Rio de Janeiro: Zahar, 2008.

No que concerne à ética, podemos também falar do saber. Saber não é sinônimo de conhecer. O saber em psicanálise tem a ver com o inconsciente, é um saber próprio, que se decanta da prática. Quando dizemos que alguém possui "conhecimento de causa", estamos nos referindo a um acúmulo de informações ou experiências sobre determinado tema. O "conhecimento do causo", no mesmo sentido, coloca o sujeito em posição de conhecedor da verdade. Então ele vai querer falar e falar e falar... Mas o analista, em sua função, pela interpretação, precisa fazer um corte, operar um giro de discurso, de modo que o analisando possa se dar conta da "verdade mentirosa"[8] de seu causo e comece a tocar no "capítulo censurado"[9] que lhe causa. Aí se passa do conhecimento todo ao saber não-todo. Saber, meio de gozo, um saber nada natural[10].

## A POÉTICA DO CASO

Em certa altura do ensino de Lacan[11], real e gozo estão intimamente relacionados. A consequência disso é *lalíngua*, matéria da linguagem, algo fora do sentido que faz "ronronar" todo o corpo e que, como a poesia, comporta um dizer não-todo. Nesse ponto, atribuímos a *lalíngua* uma poética.

---

[8] "Deixei-o [o passe] à disposição daqueles que se arriscam a testemunhar da melhor maneira possível sobre a verdade mentirosa" LACAN, Jacques. (1976) "Prefácio à edição inglesa do *Seminário 11*". In *Outros Escritos*. Trad. Vera Ribeiro. Rio de Janeiro: Zahar, 2003, p. 569.

[9] "O inconsciente é o capítulo de minha história que é marcado por um branco ou ocupado por uma mentira: é o capítulo censurado. Mas a verdade pode ser resgatada; na maioria das vezes, já está escrita em outro lugar" LACAN, Jacques. "Função e campo da fala e da linguagem". In: *Escritos*. Trad. Vera Ribeiro. Rio de Janeiro: Zahar, 1998, p. 260.

[10] LACAN, Jacques. (1969-1970) *O Seminário, livro 17: O avesso da psicanálise*. Trad. Ari Roitman. Rio de Janeiro: Zahar, 1992.

[11] *Cf.* LACAN, Jacques. (1974) "A terceira" In: LACAN, Jacques; MILLER, Jacques-Alain. *A terceira; Teoria da lalínga*. Rio de Janeiro: Zahar, 2022.

Freud, sob influência do romantismo alemão, serviu-se de uma maneira narrativa, e algumas vezes até poética, para a transmissão do caso clínico (ganhando, inclusive, o prêmio Goethe de Literatura pelo conjunto de sua obra). Já Lacan, segundo Izcovich, jamais fez isso[12]. Às voltas com a questão do fim de análise, ele tratou do caso clínico como algo também relacionado ao desejo do analista, sem se prender a historietas.

> Se a explicação do caso por Lacan é nova, é na medida em que o analista está envolvido do ponto de vista do analisando. Em outras palavras, o que é crucial é como o caso é articulado a partir da conexão entre as cenas traumáticas do analisando e o que o analista se torna para o analisando ao final do tratamento.[13]

Mas Freud também cerniu o singular de alguns casos. No caso do Homem dos ratos, por exemplo, ele conseguiu nomear o essencial do sintoma do sujeito, sua relação com o gozo, atribuindo-lhe "um nome que faz exceção". Portanto, "passa do particular ao singular"[14]. Assim, não é que Lacan tenha abandonado o método freudiano; ele apenas insistiu e avançou no caminho da redução.

A poética, como foi dito, concerne a *lalíngua*. E não podemos nos esquecer de que *lalíngua* vem primeiro. O inconsciente é um saber que se articula a partir disso[15] e é por esse motivo que não se trata de eliminar o blá-blá-blá só porque buscamos

---

[12] IZCOVICH, Luis. *La clinique du cas en psychanalyse*. Paris: Stilus, 2023.
[13] *Idem*, p. 8.
[14] *Idem*, p. 11.
[15] *Cf.* LACAN, Jacques. (1974) "A terceira" In: LACAN, Jacques; MILLER, Jacques-Alain. *A terceira; Teoria da lalínga*. Rio de Janeiro: Zahar, 2022.

cernir o gozo. Numa carta escrita por Lacan a um jovem etnólogo, na década de 70, ele diz: "Blá-blá-blá é a gíria para depreciar *lalíngua* como tal, mas não consegue. Pois o blá-blá-blá é a fala, e só o verbo faz uma parábola para fazer surgir o real". "Há em *lalíngua*", continua, "um acúmulo tal de experiência que não há gozo que não seja entrelaçado com ela, mesmo o gozo problemático que dizemos ser o gozo da vida"[16].

Escuta-se, portanto. Mas a orientação de uma análise deveria ser óbvia: a-n-a-l-i-s-a-r, qual seja, cortar, reduzir. Nossa função possibilita que se rompam o significado e o sentido para que possa advir de uma análise a marca de gozo. Segundo Izcovich, a tagarelice do analisando "está articulada com o silêncio do analista e é regida por aquilo que funda a ética analítica, nomeadamente que o falar pode ter um efeito sobre o desejo"[17]. Promover essa operação leva tempo, muito tempo. É um tipo de "revolução lenta", para usar a expressão do Lacan adolescente[18].

## A LÓGICA DO CASO

A propósito, há um traço do sujeito Lacan que, para mim, ajuda a entender o que é formalizar um caso clínico. Em *Lacan redivivus,* Christiane Alberti diz no prefácio que "o próprio texto de Lacan o despojou da narrativa biográfica, pois ele não conta nada, mas escreve a lógica de uma vida"[19]. Aqui temos talvez uma pista a respeito do que se escreve de um caso. É sobre a

[16] LACAN *apud* MILLER, Jacques-Allain; ALBERTI, Christiane. *Lacan redivivus*. Rio de Janeiro: Zahar, 2022, p. 150.

[17] IZCOVICH, Luis. *La clinique du cas en psychanalyse*. Paris: Stilus, 2023, p. 15.

[18] LACAN *apud* MILLER, Jacques-Allain; ALBERTI, Christiane. *Lacan redivivus*. Rio de Janeiro: Zahar, 2022, p. 211.

[19] *Idem,* p. 12.

lógica de uma vida que se escreve, a lógica daquilo que resta e se repete, essa coisa esquisita que é o gozo ao redor do qual podemos criar, inventar e até amar mais dignamente...

Nesse ponto, convém lembrar do que Lacan se perguntou nos minutos finais do seminário 11: "Como, um sujeito que atravessou a fantasia radical, pode viver a pulsão?". "Isto é o mais-além da análise", continua, "e jamais foi abordado. Isto só é, até o presente, abordável, no nível do analista, na medida em que seria exigido dele ter precisamente atravessado em sua totalidade o ciclo da experiência analítica"[20]. Agora parece claro o que ele diz. Pode-se concluir uma análise no ponto em que se vislumbram as particularidades da pulsão, seu jogo, suas regras, mas pode-se também, num passo além, topar vivê-la e demonstrá-la. Seria esse, então, um passo lógico?

Mas que lógica? Sabemos que Lacan subverteu a lógica moderna, assim como o fez com a linguística, inspirando-se nelas em seu esforço pela formalização, porém sem deixar de levar em conta o que cai, o que sobra, o que escapa, ou seja, a matéria prima da psicanálise. Assim, ele sustentou o fundamento freudiano e revolucionou o modo de transmiti-lo a partir de uma formalização que considera a falta na estrutura — algo absolutamente insuportável para os lógicos matemáticos.

No seminário 16, Lacan explica que "a forma não é o formalismo"[21]. "O formalismo na matemática", diz ele, "é a tentativa de submeter esse discurso a uma prova que poderíamos definir nestes termos: assegurar o que ele parece ser, isto é, funcionar

---

[20] LACAN, Jacques. (1964) *O seminário, livro 11: Os quatro conceitos fundamentais da psicanálise*. Trad. M.D. Magno. Rio de Janeiro: Jorge Zahar Editor, 2008, p. 264.

[21] LACAN, Jacques. (1968-1969) *O Seminário, livro 16: De um Outro ao outro.* Rio de Janeiro: Zahar, 2008, p. 93.

sem o sujeito"[22]. O formalismo da lógica matemática pressupõe uma linguagem sem equívoco e que deve ser "pura escrita", enquanto a formalização da psicanálise se interessa justamente pelo que se equivoca, pelos resíduos em que se situa a presença do sujeito[23]. É uma lógica própria, que não se resume a matemas ou grafos, não é ilustrativa, como alguns podem supor. A lógica do caso é orientada pelo real, que aparece, ouso dizer, sempre que o causo fracassa.

Ao mencionar a expressão de Lacan, "impossível de suportar", Izcovich refere-se a algo que aparece necessariamente no corpo. A formalização do caso se dá via escrita e corpo, uma vez que o desejo se inscreve "por uma contingência corporal"[24]. Afinal, a contingência, ou o que cessa de não se escrever, é o lugar por onde se demonstra a impossibilidade, ou o que não cessa de não se escrever... E por aí se atesta um real[25]. O real só se inscreve "por um impasse na formalização"[26]

Em outro momento, Lacan falou sobre a "Lituraterra" no seminário18, aula que acabou indo parar na sua coletânea dos *Outros escritos*. Ali, ele situa literatura e psicanálise como campos estrangeiros, mas que têm a letra, litoral, como fronteira. E nos lembra que "a literatura é uma acomodação de restos"[27], restos escritos, escritura que escava o vazio, que perdura, que se pode transmitir. Aí encontramos um ponto em comum com

---

[22] *Idem*, p. 94.

[23] *Idem, ibidem.*

[24] LACAN, Jacques. (1972-1973) *O Seminário, livro 20: Mais, ainda*. Trad. M.D. Magno. Rio de Janeiro: Zahar, 2008, p. 100.

[25] *Cf.* LACAN, Jacques. *A terceira*. Rio de Janeiro: Zahar, 2022.

[26] LACAN, Jacques. (1972-1973) *O Seminário, livro 20: Mais, ainda*. Trad. M.D. Magno. Rio de Janeiro: Zahar, 2008, p. 99.

[27] LACAN, Jacques. (1971) "Lituraterra". In: *Outros Escritos*. Rio de Janeiro: Zahar, 2003, p. 16.

a psicanálise. Em certa medida, a acomodação de restos pode ser traduzida pela formalização do real — um impossível que se pode transmitir, ainda que não-todo.

Mesmo assim, a escrita do caso não pode ser confundida nem com uma literatura nem com uma matemática. No seminário 20, Lacan explica que, já que a economia do gozo nos interessa, o discurso analítico, diferente do científico, dá uma chance de encontrar algo sobre isso, embora por vias contingentes. Então ele diz que "o truque analítico não será matemático"[28], uma vez que a psicanálise se interessa pelo resto que a ciência foraclui.

*O que cai, afinal*

Podemos concluir que o truque analítico, ou melhor, a coisa analítica, causa o deslocamento do causo ao caso a partir do enodamento de uma ética, relacionada ao dizer; uma *poética*, que se refere ao sem sentido de *lalíngua*; e uma *lógica*, que tem a ver com a formalização do real[29].

Pelo truque analítico, tenta-se ir além da palavra prenha de sentido e se servir da "prática da letra"[30], a qual, reduzida, converge com o inconsciente real, uma dimensão não mais endereçada ao Outro. Afinal, do causo ao caso, é a letra que cai? Talvez sim, se considerarmos que ela cai enquanto aquilo que

---

[28] LACAN, Jacques. (1972-1973) *O Seminário, livro 20: Mais, ainda*. Trad. M.D. Magno. Rio de Janeiro: Zahar, 2008, p. 159.

[29] Inspirado na proposição de Dominique Fingermann sobre as consequências do ato analítico. FINGERMANN, Dominique. "Da lógica da interpretação à prática da letra". *Revista de Psicanálise Stylus, [S. l.]*, n. 24, pp. 117-124, 2012. DOI: 10.31683/stylus.vi24.795. Disponível em: https://stylus.emnuvens.com.br/cs/article/view/795. Acesso em 28 de julho 2024.

[30] LACAN, Jacques. (1965) "Homenagem a Marguerite Duras pelo *Arrebatamento de Lol V. Stein*". In: *Outros Escritos*. Trad. Vera Ribeiro. Rio de Janeiro: Zahar, 2003, p. 200.

sobra, um resto singular que fixa o sintoma de maneira diferente no final da análise. Para tanto, é preciso escrever... Para além da palavra, é preciso escrever... E também encontrar um analista à altura, orientado pelo fim, que não apenas consiga ler, mas que saiba como proporcionar, com seu dizer silencioso, uma prática de escrita singular — do causo ao caso.

# A cura da fobia: O desejo do analista como bússola e destino

LUCIANA PERINA[1]

Este texto é inspirado num caso de um sujeito adulto que atravessa seu percurso de análise: após sucessivas tentativas de tratamento em análises pós-freudianas pautadas na "psicoterapia do ego", foi somente após a entrada numa análise de orientação lacaniana que ele pôde dar tratamento e cura a uma fobia insistente, que o acompanhava desde os cinco anos.

Isso me faz refletir sobre a diferença radical que existe entre estas duas formas de tratamento: enquanto a primeira se baseia na construção do sentido e sustenta suas intervenções pela via imaginária, a segunda opera um tratamento do real, cuja escuta

[1]Psicóloga formada pela Universidade de Fortaleza (2014), psicanalista e participante do Instituto do Campo Lacaniano de Fortaleza.

é sustentada pelo desejo do analista. Diante disso, surge a pergunta: como a clínica psicanalítica, orientada pelo desejo do analista, pode levar à cura da fobia?

Minha hipótese é que o desejo do analista é o que proporciona essa diferença radical. O analista, ao cultivar um estado de *ignorância* advindo como "não-saber", oferece ao analisando um espaço possível para que ele mesmo construa um saber sobre aquilo que ainda não quer saber. A ausência de uma resposta do analista só pode se sustentar pelo desejo de que o paciente passe, ele mesmo, a produzir um desejo inédito — esta é a mira do tratamento analítico. Izcovich é claro ao dizer que "o desejo é efeito do significante, e o desejo inédito como efeito de análise supõe a produção de um desejo que não seja apenas o resíduo do significante do Outro"[2].

Portanto, uma análise deve permitir que as identificações caiam, recusando-se o analista a encarnar um modelo de identificação para o analisando, dando assim a condição de acesso a um desejo que não seja desejo do Outro. Isso é o que Lacan atribui como o "desejo do analista"[3].

Em contrapartida, em uma prática psicoterápica, o profissional se posiciona como aquele que detém o saber sobre o sujeito; é ele quem interpreta e dá sentido ao que o paciente produz, impedindo qualquer possibilidade de um desejo advir. Ele opera não a partir da queda, mas da fortificação das identificações entre analisando e Eu do analista.

Resgato aqui a famosa analogia de Freud, ao afirmar que o psicoterapeuta trabalha como um pintor, preenchendo a

---

[2] IZCOVICH, Luis. *A identidade: escolha ou destino?* Trad. Paulo Sérgio de Souza Jr. São Paulo: Aller, 2022, p. 41.

[3] *Idem*, p. 39.

tela em branco ao depositar um sentido pela via da sugestão, enquanto o psicanalista trabalha como um escultor, retirando as lascas resistentes de pedra que encobrem o seu conteúdo, possibilitando o surgimento do que estava escondido[4].

Não quero desmerecer os efeitos da psicoterapia, que são consideráveis, mas, na medida em que se sustentam pela via imaginária, os avanços do sujeito ficam limitados a esta instância e não vão muito além.

Sobre a questão da fobia, Lacan, em seu Seminário 8, aponta que "a fobia é a forma mais radical da neurose", e está relacionada com uma resposta ao problema do estabelecimento da metáfora paterna[5]. Enquanto na histeria e na neurose obsessiva há a instauração da metáfora paterna, o fóbico só é capaz de instaurá-la interditando a mãe com algo diferente do "Não!" do pai, já que este não comparece adequadamente.

Analisando o caso do Pequeno Hans, um clássico desenvolvido por Freud para ilustrar a fobia de cavalos em um garoto de cinco anos, compreendemos que a recusa do pai de separar Hans de sua mãe provoca um aumento de sua angústia; Hans torna-se objeto da mãe, sem interdição, sem este "Não!" do pai para protegê-lo[6]. A separação entre a criança e a mãe é muito difícil na fobia, devido à precariedade da função paterna; é somente quando a fobia de Hans se desenvolve que sua angústia diminui consideravelmente, ficando temporariamente

---

[4] FREUD, Sigmund. "Sobre a psicoterapia". In: *Edição standard brasileira das obras psicológicas completas de Sigmund Freud*. Trad. Jayme Salomão. Vol. 7. Rio de Janeiro: Imago, 1996. p. 241-254.

[5] LACAN, Jacques. (1960-1961) *O Seminário, livro 8: A transferência*. Trad. Dulce Duque Estrada. Rio de Janeiro: Zahar, 2010, p. 425.

[6] FREUD, Sigmund. (1909) "Análise da fobia de um garoto de cinco anos" In: *Histórias clínicas: Cinco casos paradigmáticos da clínica psicanalítica*. Belo Horizonte: Autêntica Editora, 2022, p. 173-335.

contida quando o menino toma o significante "cavalo" como uma espécie de substituto paterno, um substituto do "Não!" do pai na metáfora paterna[7].

Lacan afirma que o objeto fóbico serve como um significante para todo uso, para suprir a falta do Outro — ou a falta no Outro[8]. Ou seja, a fobia surge como uma tentativa de dar tratamento à angústia. Refere-se a um sintoma que trata a angústia, substituindo-a por um significante que causa medo, o que já é mais tranquilizador[9].

A fobia consegue concentrar a angústia em torno de um objeto, produzindo uma espécie de barreira imaginária, ordenando a angústia geograficamente. Lacan esclarece que o objeto é uma espécie de instrumento que serve para mascarar, enfeitar o fundo fundamental de angústia que caracteriza a relação do sujeito com o mundo, e relembra a concepção clássica que Freud deu à fobia, que determina que o objeto fóbico é constituído para manter o medo à distância; o objeto encerra o sujeito num círculo, uma fortaleza interior da qual ele se protege desses medos[10]. O objeto é, nesse caso, uma espécie de "alarme", de "sentinela" contra um medo instituído.

Por sua vez, Freud afirma que:

> os sintomas são criados para evitar o desenvolvimento da angústia, mas isso não nos leva a enxergar profundamente.

---

[7] FINK, Bruce. *Introdução clínica à psicanálise lacaniana*. Rio de Janeiro: Zahar, 2018.

[8] LACAN, Jacques. (1957) "A instância da letra no inconsciente ou a razão desde Freud." In: *Escritos*. Trad. Vera Ribeiro. Rio de Janeiro: Jorge Zahar Editor, 1998, p. 523.

[9] SOLER, Colette. *Adventos do real: da angústia ao sintoma*. Trad. Cícero Oliveira. São Paulo: Aller Editora, 2021.

[10] *Cf.* LACAN, Jacques. (1955-1956) *O Seminário, livro 4: A relação de objeto*. Trad. Dulce Duque Estrada. Rio de Janeiro: Zahar, 1995.

> É mais correto dizer que os sintomas são criados para evitar a situação de perigo que é sinalizada pelo desenvolvimento da angústia. Nos casos examinados, porém, esse perigo era a castração ou algo dela derivado.[11]

Partindo desse pressuposto, e retomando o exemplo do Pequeno Hans, Freud pontua que o caso em si não é muito enigmático e, neste mesmo texto, articula a fobia da seguinte maneira: o incompreensível medo de cavalos é considerado o sintoma, a incapacidade de sair à rua é uma forma de inibição, ou seja, uma restrição que o Eu impõe a si mesmo, e ambos esses mecanismos são desenvolvidos para não despertar a angústia.

A angústia, sendo um afeto que pertence ao real[12], pode ser tratada de diferentes maneiras. A fobia é uma tentativa de tratar essa angústia. De modo distinto, uma análise sustentada pelo desejo do analista também oferece um tratamento para a angústia, propondo uma abordagem diferente em relação ao real.

Li num artigo, escrito por Jean-Jacques Gorog, que todo mundo encontra o real, quer o chamemos de traumatismo ou não, seja ele sexual ou não, e que

> [...] a diferença está na resposta que cada um dá como explicação para esse encontro impossível. A análise chama essa resposta de sintoma. Ora, o que constitui o real do encontro é propriamente impossível de dizer; é essa, aliás, a razão por que

[11] FREUD, Sigmund. (1926) "Inibição, sintoma e angústia. In: *Obras Completas, volume 17: Inibição, Sintoma e Angústia, O Futuro de uma Ilusão e Outros Textos* [1926-1929]. Trad. Paulo César de Souza. São Paulo: Companhia das Letras, 2014, p. 68.

[12] *Cf.* LACAN, Jacques. (1962-1963) *O Seminário, livro 10: a angústia*. Trad. Vera Ribeiro. Rio de Janeiro: Zahar, 2005.

> se recorre ao sintoma. Ele só pode ser deduzido contanto que se contorne a questão no decorrer da própria cura.[13]

O sintoma fóbico existe e insiste porque faz suplência a um significante que não houve. Não à toa o sujeito vive um caso de amor com o sintoma. Por isso, numa análise, a condição mestra para se produzir algo novo é a repetição: é preciso que se dê muitas voltas até se alcançar o trauma. Reviver uma mesma cena incontáveis vezes até que o novo apareça e seja posto em palavras, para que seja possível simbolizar o que, até então, não se sabia como. Um trabalho que precisa ser mais insistente do que o próprio sintoma, e que só será levado a cabo se houver um desejo particular de busca pelo saber, para contornar este real inassimilável.

O real é, por natureza, impossível de ser simbolizado, é o que não tem sentido, que *ex-siste*, que está fora. "O real é, por excelência, o trauma"[14], ou seja, algo que não pode ser assimilado pelo sujeito em uma representação simbólico-imaginária, pois está no limite da simbolização. O registro do real é justamente o oposto do registro imaginário; este já é da ordem do sentido, da consistência, é o berço das identificações e da alienação. Sendo assim, como a cura da fobia poderia ser alcançada por uma via imaginária, se o que está em jogo aqui é algo do real?

Uma análise lacaniana opera pela via do simbólico, pois é através dele que se tem acesso ao real. Portanto, a cura advém

---

[13] GOROG, Jean-Jacques. "O que é o real para Lacan?". *Stylus — Revista de psicanálise*, Rio de Janeiro, n. 38, 2019. Disponível no endereço https://pepsic.bvsalud.org/scielo.php?script=sci_arttext&pid=S1676-157X2019000100002. Acesso em 3 de setembro de 2024.

[14] JORGE, Marco Antônio Coutinho. *Fundamentos da Psicanálise, Volume 1, As Bases Conceituais*. Rio de Janeiro: Zahar, 2005, p. 83.

após um atravessamento do sintoma pela via do discurso analítico, o qual é sustentado pelo desejo do analista. Penso que este atravessamento permite que o sujeito chegue ao encontro do que lhe era, até então, aterrorizante: a ameaça de castração que a fobia tinha a função de esconder.

Após a cura e dissolução do sintoma fóbico, surge um novo impasse. Sem a fobia, o sujeito perde um mecanismo que, embora limitante, oferecia uma forma de estruturação psíquica, protegendo-o do horror do real. Impõe-se a questão: como manejar a angústia, que antes era contida e canalizada pela fobia? Para onde direcioná-la? No caso que inspirou este texto, o sujeito, em busca de uma resposta para essas questões, realiza um deslocamento significativo: dá início à sua formação em psicanálise de orientação lacaniana.

Para concluir, considero que o desejo do analista pode ter uma função além de servir apenas como bússola. Ele não só auxilia o sujeito a utilizar sua angústia como motor da análise, guiando-o por um caminho para deparar com seu próprio desejo, mas também pode corresponder a um possível destino: um lugar onde o sujeito pode, finalmente, dirigir sua angústia.

# Como o saber sobre o sexo se aloja nos semblantes de homem e mulher?

ELISABETH DA ROCHA MIRANDA[1]

No seminário 21, *Les non-dupes errent*, mais precisamente na aula de 15 de janeiro de 1974, Lacan trata da questão do saber sobre o sexo pela via do nó borromeano ao dizer que esse saber passa a revelar o seu aspecto topológico, de enodamento, pela parcela de real que lhe cabe neste latifúndio que é o sujeito. O que amarra o nó borromeano e sustenta o fato de que sejam três registros R.S.I. é o registro do Real. É o real indizível que

[1] AME da EPFCL — Escola de Psicanálise dos Fóruns do Campo Lacaniano. Doutora e mestre em psicanálise pela UERJ — Universidade do Estado do Rio de Janeiro. Autora do livro *Desarrazoadas: Devastação e Êxtase* (Ed. Contracapa).

justifica o axioma "não há relação sexual". "A função que faria a relação, do homem à mulher e vice-versa não pode ser escrita"[2].

O real não cessa de não se inscrever e a relação sexual não existe porque não há proporcionalidade entre o fálico e o *não--todo* fálico, entre o lado homem nas fórmulas da sexuação e o lado mulher. Então se por um lado a relação sexual não se inscreve, por outro, é fato que existe um saber-fazer com isso tanto do lado homem quanto do lado mulher. Trata-se de saber como, apesar de tal impossibilidade, o ato sexual acontece e homens e mulheres se relacionam sexualmente.

Freud introduziu o sujeito do inconsciente como uma "relação nova, original, impensável antes da sua descoberta, mas afirmada por um sujeito com um não-saber"[3], sobre o sexo. O inconsciente pode ser definido pela recusa de um ponto de saber, ou melhor, ele se institui "por um significante rejeitado, *Verworfen*, por um significante do qual não se quer saber nada"[4]. Há então, sobre o sexo, uma falha estrutural, uma falta de saber que leva Lacan a dizer que "o sexo, em sua essência de diferença radical, permanece intocado e se recusa ao saber"[5].

O Édipo, recurso freudiano para posicionar os sujeitos como homem ou mulher, é um fato de discurso que se ordena pela primazia fálica: o homem não é sem ter o falo e a mulher é o falo sem tê-lo. Por um lado, o significante falo como causa de gozo é o que situa o sujeito pela via do semblante na partilha dos sexos; por outro, ele impossibilita que a relação entre os sexos

---

[2] LACAN, Jacques. (1973-1974) *Seminário 21: Les non-dupes errent* (1973-1974). Inédito, aula de 15 de janeiro de 1974.

[3] LACAN, Jacques. (1964-1965) *Seminário 12: Problèmes cruciaux de la psychanalyse.* Inédito, aula de 12 de março de 1965.

[4] *Idem, ibidem.*

[5] *Idem, ibidem.*

exista como tal. Isto se dá "pela intervenção de um parecer que se substitui ao ter para protegê-lo de um lado e para mascarar a falta de outro"[6]. O semblante homem protege o ter fálico, acreditando ter, pois ter o falo simbolicamente é também não o ter; já o semblante mulher é a mascarada fálica cujo pudor recobre o não ter.

## DO FALO COMO SIGNIFICANTE AO SEMBLANTE

Na aula de 12 de fevereiro de 1974, do seminário 21, *Les non-dupes errent*, Lacan afirma que o inconsciente é o que o se imprimirá como dois significantes, $S_1$ e $S_2$, porque o três é o Real que está sempre de algum modo velado. Esses dois significantes adquirem significação pela ação de um "parasita", o falo, que se alimenta deles para lhes dar significação e velar o real. Na condição de "parasita", o falo é um significante que, estando fora da cadeia significante, nutre-se daqueles significantes inscritos no "ser da significância". São significantes latentes que, para significar, estão presentes no inconsciente real, conforme descrito no seminário 20, *Mais, ainda*, na passagem em que Lacan se refere aos traços mnêmicos, tal como Freud os postulou no "Esboço de uma comunicação preliminar", de 1893. Esses traços se apresentam para serem significados, ou seja, para entrar na cadeia significante do sujeito pela ação do significante falo.

Mas o que é ser o falo ou ter o falo? Uma mulher exige prover-se de um falo que, segundo a equação freudiana filho = falo, ela espera sob a forma de um filho. O *infans*, ao perceber as idas e vindas da mãe, experimenta uma primeira falta. Se a mãe se afasta, é porque quer algo além dele, algo que lhe falta. O bebê,

---

[6] LACAN, Jacques. (1958) "A significação do falo". In: *Escritos*. Trad. Vera Ribeiro. Rio de Janeiro: Jorge Zahar Editor, 1998, p. 701.

assim, tenta recompor essa falta, procurando ser para ela o falo em sua vertente imaginária. O par "mãe-filho" deveria sentir-se conciliado e apaziguado com a ilusão de falicização recíproca: ela quer o falo e ele o imaginariza. Todavia, não é isso o que se passa. O falo, em vez de mostrar-se conciliador é, sobretudo, "vadio" — está sempre em outro lugar, "alhures", situado no pai como aquele que é suposto tê-lo. Ninguém tem ou é o falo posto que o falo é justo o significante que marca a falta, a incompletude, a castração para o sujeito do inconsciente. Se o sujeito do inconsciente é forjado pela falta, ser homem ou mulher, se colocar na partilha dos sexos de um lado ou de outro, é apenas semblante. O semblante é a possibilidade de lidar com o que, do sexo, escapa à linguagem, é o que guia o discurso amoroso em direção ao limite imposto pelo real do gozo, velando o real indizível que aí se presentifica. Assim os semblantes homem e mulher são maneiras distintas de velar o real do sexo, distinção que se dá no desenrolar edípico.

O falo é um significante que está preso ao imaginário do corpo, ao órgão de copulação, mas ao ser elevado a categoria de significante ele só pode exercer seu papel enquanto velado. "É por isso que o demônio de *Aidos* (*Scham*) [representação do desamparo humano diante dos deuses gregos] surge no exato momento em que, no mistério antigo, o falo é desvelado"[7]. O semblante fálico é a arte de velar o falo ausente na imagem do corpo, ausência velada que cria algo ali onde nada existe. Lembramos a bela demonstração que Velásquez (1599-1660) nos dá do semblante com sua obra *As Fiandeiras*, de 1655,[8]

---

[7] LACAN, Jacques. (1958) "A significação do falo". In: *Escritos*. Trad. Vera Ribeiro. Rio de Janeiro: Jorge Zahar Editor, 1998, p. 699.

[8] O quadro retrata a história das fiandeiras, também conhecida como "A fábula de Aracne". Trata-se de uma jovem que se vangloriava de tecer tão bem

primeiro quadro dedicado ao ofício, ao fazer com as mãos, no qual a agulha que fia, e em torno da qual gira a cena, não está lá.

No seminário 18, *De um discurso que não seria do semblante,* Lacan afirma que todo discurso é, na verdade, do semblante. Se o discurso é o que funda e define a realidade para cada sujeito, conforme diz o próprio Lacan em 1972,[9] podemos então afirmar, que a realidade sexual de todo sujeito é sempre semblante. "O que especifica o ser falante é que ele faz do sexo semblante porque é a fala que assegura a verdade da relação com o gozo. E só podemos meio-dizer esta relação extraindo dela o semblante do que chamamos homem ou mulher"[10]. O limite imposto pelo impossível da relação sexual é recoberto pelo semblante, que é o que permite a homens e mulheres se relacionarem sexualmente.

O axioma lacaniano "A Mulher não existe" não quer dizer que no inconsciente o lugar da mulher não exista, mas sim que ele é um vazio, um nada onde só encontramos máscaras e semblantes. Isto nos permite verificar a estreita relação entre as mulheres, o nada, as máscaras e o semblante.

Freud observou a proximidade da mulher com o nada, localizando-o inicialmente no corpo e no sentimento de pudor daí decorrente. Para ele o pudor ou seu desvelamento, momento em que aparece a vergonha (*Aidós, Scham*),[11] é uma qualidade

---

quanto a deusa Palas Atena. Enfurecida com tal comparação, a deusa ordena que ela passe o resto de seus dias tecendo e a transforma em uma aranha. O quadro mostra o momento em que a deusa, reconhecida pelo elmo, ergue o braço e amaldiçoa Aracne.

[9] LACAN, Jacques. (1972-1973) *O Seminário, livro 20: Mais, ainda*. Trad. M.D. Magno. Rio de Janeiro: Jorge Zahar Editor, 1985, p. 45.

[10] LACAN, Jacques. (1971-1972)*Seminário 19: Le savoir du psychanalyste.* Inédito, aula de 2 de dezembro de 1971.

[11] *Aidós,* o demônio do pudor. Palavra grega que significa pudor, modéstia, íntima vergonha. Na mitologia grega, *Aidós* era o Deus do pudor e morava no Olimpo ao lado de Zeus. Quando um falo é revelado surge o desamparo diante

feminina por excelência cuja finalidade é a intenção inicial de mascarar a falta do órgão genital[12]. A contribuição cultural das mulheres, diz Freud, é a arte de trançar e de tecer que usa como modelo os pelos pubianos que escondem os genitais. O pudor faliciza o corpo feminino fazendo-o existir, por inteiro, como o falo ainda que ausente.

A tentativa de desvelar o mistério do corpo feminino que o pudor vela acaba justamente por ilustrar a função do véu. É o que se observa no quadro de Gustave Courbet (1866) no Museu d'Orsay, denominado *A origem do mundo*. Nele, o órgão genital feminino é apresentado destacado do corpo, inserido em um tronco mutilado, sem o recobrimento do imaginário e do simbólico, ou seja, sem os adereços significantes que constroem o semblante feminino. O que se vê é da ordem da carne, puro real onde o nada se presentifica, provocando no espectador estranheza e até horror. O quadro é mantido coberto por um "véu" que é o que na verdade desperta a curiosidade e o desejo de olhar. O valor fálico é dado pelo véu do pudor que é, ele mesmo, semblante. As mulheres têm um saber sobre a arte de manejar o véu porque sabem do furo, do impossível de representar, sabem do real que se presentifica no sexo.

Freud nos fala do véu de *Aidós* a partir do que ele nomeia como *Penisneid*, sinalizando o quanto, em decorrência da invídia fálica, a menina sente-se inferiorizada, injustiçada, às vezes revoltada, mas sempre possuída pelo incômodo de um menos qualquer, de uma falta-ter que leva à nostalgia da falta-ser,

---

da vontade furiosa dos deuses. *Cf.* BOLOGNE, J.C. *Histoire de la pudeur*. Paris: Editeur Parrin, 1999.

[12] FREUD, Sigmund. (1933) "Feminilidade." In: *Obras completas, volume XXII*. Rio de Janeiro: Imago, 1996, p. 113 - 134.

como diz Lacan. O não ter fálico pode trazer para a mulher o sentimento de ilegitimidade, de sentir-se falsa, em falta e até de não ter direito ao saber. Algumas chegam a se dizerem ladras de palavras e do saber que por direito pertenceria ao homem.

A história nos mostra que o saber sempre foi dado ao homem, ao todo fálico, o que justifica o fato de algumas mulheres, ao se aventurarem neste campo, utilizarem-se de um pseudônimo masculino. Foi o caso de Marie Bonaparte que, ao publicar suas pesquisas sobre o gozo vaginal em 1924, assinou como dr. Narjani ou a escritora Amandine Aurora Dupin (1804-1876), que assinava seus livros como George Sand e por vezes se trajava como um homem para ser aceita nas rodas intelectuais, apesar de ter tido maridos famosos como o maestro e compositor Chopin.

No terreno das religiões podemos citar a jovem de Constantinopla[13], que se fez passar por homem para escapar à proibição de estudar que pesava sobre as mulheres. Ao chegar a Roma, ela surpreendeu o clero por sua cultura, tornando-se o Papa João VIII. Descoberta pelo parto que adveio em pleno exercício de seu papado e punida pela impostura, Papisa Joana, como ficou conhecida, acabou por originar a cadeira papal cujo assento possui um furo, de modo que se pudesse verificar se havia ou não o órgão viril no papa eleito[14]. Assim, não poderiam eleger para a chefia da Igreja outra bruxa, como eram consideradas na época as mulheres que, por algum motivo, saíam

[13] Gilberta, nascida em Constantinopla, governou a Igreja por três anos como João VIII.

[14] No tempo de Rabelais, ninguém ignorava o refrão popular: "*Testiculos qui non habet, Papa esse non potest*". LLOYD, M.D.C. *Reproducción humana y conduta sexual*. Espanha: Editorial JIMS, 1966. Nota da editora: o adágio latino se traduz muito livremente por "A quem bolas faltar, Papa não pode virar".

do âmbito dos afazeres que lhes eram destinados. Os exemplos são muitos, mas o fato é que para além da norma cultural vigente, proibir às mulheres o acesso ao saber denuncia que a elas era atribuído um saber outro que ameaçava ao todo fálico. As consequências do *Penisneid* apontadas por Freud, a cicatriz que marca o narcisismo feminino, os ciúmes, a reação contra a masturbação, a reivindicação fálica dirigida à mãe, frequente na clínica com mulheres, são formas de apresentação da necessidade de velar o nada, soluções do lado do ter fálico, mas que não recobrem a relação da mulher com o saber inconsciente sexual que desliza até um ponto de falta, saber sobre o que ela encontra como pura alteridade.

É notória a preocupação da civilização com o corpo das mulheres e a necessidade de escondê-lo sob vestes e véus, o que nos permite deduzir, de tal preocupação, o objetivo de não revelar o real da Mulher que não existe, para não se deparar com a ex-sistência, e fazer com que as mulheres existam uma a uma.

A mulher é Hetera, dizem os gregos, mulher do desejo e a quem cabia o saber sobre o que do sexo escapa à significação fálica, justo por ela ser *não-toda* fálica. Situar-se no *não-todo* fálico, ter acesso a algo do real não faz com que a mulher tenha mais afinidade com o semblante do que o homem. Pelo contrário, acarreta descrença no semblante, ela não crê que a mulher exista, porque não crê no semblante, tem menos fé no jogo significante que compõe o semblante, posição que faz com que ela necessite mais que os homens do recobrimento do amor. "Elas fazem todas as concessões a seu homem"[15], como diz Lacan,

---

[15] LACAN, Jacques. "Televisão". In: *Outros escritos.* Trad. Vera Ribeiro. Rio de Janeiro: Zahar, 2003, p. 538.

mas para obter a única coisa que poderia situá-las melhor no semblante mulher, ou seja, ser objeto de desejo e amor do Outro. A descrença no semblante dar à mulher uma "liberdade muito grande [...], ela chegará mesmo a dar peso a um homem que não tem nenhum"[16], diz Lacan. Se ela sabe que homem é apenas um semblante, ela pode manejar o véu de forma tal a fazê-lo acreditar cada vez mais em seu próprio gozo sexual, pois é preciso ser um homem para acreditar que copular faz gozar já que a causa de gozo sexual é o significante[17].

A mulher representa para o homem a verdade do gozo enquanto semblante da relação do homem com a mulher. O semblante é a função primária da verdade, já que sua estrutura é de ficção e só podemos meio dizê-la. A verdade está como a mulher, sempre do lado *não-todo* fálico que aponta um real inapreensível do qual a mulher pode se acercar. A mulher sabe do gozo todo fálico, pois ela o experimenta tanto quanto o homem, mas há para ela um saber sobre o real que a faz manejar o semblante com uma liberdade inquietante para o homem, ela pode até fazer de conta que goza: "A mulher varia, louco está quem confia!", diz o dito popular.

Se Freud nos mostra a função de *Aidós* para velar o não ter fálico, Lacan postula outra solução, desta vez do lado do ser fálico, que consiste em não velar o furo, mas ser o próprio furo, fabricando um semblante mulher com o nada, construindo a feminilidade como máscara. Vale ressaltar que a mascarada feminina não é uma dissimulação, uma mentira; é antes

---

[16] LACAN, Jacques. (1971) O seminário, livro 18: de um discurso que não fosse semblante. Rio de Janeiro: Zahar Ed, 2008. p. 34.

[17] LACAN, Jacques. (1971-1972) *Le savoir du psychanalyste.* Inédito, aula de 2 de dezembro de 1971.

a construção significante de um semblante para velar o nada constitutivo. A mascarada como prática de adereços manipula o parecer ser e, assim, reafirma a afinidade do objeto com seu invólucro, como enfatiza Lacan em *Mais, ainda*, mesmo quando se trata do objeto enquanto causa de desejo — o "hábito faz o monge". Se a mulher escolhe a solução do lado do ser o objeto de desejo, ser o falo para o Outro através da mascarada feminina, quando essa estratégia vacila e o Outro já não reconhece (no objeto que ela é) suas cores, o que aparece é o vazio. É o que ouvimos na clínica, sob a forma de "falta de identidade", de "ser uma folha solta perdida na tormenta", "uma sombra" "caída no espaço," "perdida em si mesma," "sem fio-terra", "sem contato", etc. Mas, se as mulheres têm uma relação particular com o nada, os homens têm uma relação particular com o semblante. Para eles, a crença no semblante é mais assegurada pelo fato de possuírem o suporte imaginário do falo, o pênis. Eles têm mais fé no significante e a certeza fantasmática de seu parecer ter, de seu semblante homem é mais fortemente estabelecida. Eles são mais crentes e iludidos com o ter fálico; consequentemente, mais atrapalhados também. Isto porque precisam sustentar um saber como todo fálico, quando na verdade ele escapa ao falo, escapa ao véu e assusta aqueles que se colocam do lado do Um fálico, lado homem nas fórmulas da sexuação, por revelar a verdade da falta, verdade de algo que resta como real. Freud nos diz que as mulheres fazem trança — Lacan faz uso da trança topologicamente. As mulheres trançam indefinidamente e, trançando, enredam algo de uma relação, mas sem fechá-la, sem completá-la, deixando-a em aberto. A trança, infinita, aponta para o impossível da sempre almejada complementariedade entre os sexos.

Uma mulher, dirá então Lacan em *Les non-dupes errent*, na aula de 15 de janeiro de 1974, nunca está forçosamente formada.

Ela trança, trança, trança, mas para que ela possa fazer um nó, lhe são precisos seis gestos (figura 1). Isso, porém, não a fecha, apenas a nodula borroneanamente. A mulher só se produzirá, paradoxalmente, ao imitar o ser falante macho na unidade do seu saber:

> A trança só se produz por imitar o ser falante macho, porque ela pode imaginá-lo, ela o vê estrangulado por essas três categorias que o sufocam. Apenas ele não sabe, até então. Ela o vê imaginariamente, mas é uma imaginação de sua unidade, isto é, daquilo a que o próprio homem se identifica. Não de sua unidade como saber inconsciente, porque, ao contrário, o saber inconsciente fica aberto.[18]

Então, com essa unidade, a mulher trança através do corte produzido pelo não querer saber do homem e o homem mantém o desejo orientado pelo que a mulher vela de real, pelo que ela mantém em aberto apontando para o *não-todo* fálico, para alteridade do inconsciente de cada sujeito.

> O saber masculino, no ser falante, é corte, esboça um fechamento, ele inicia para se fechar, e é por não chegar a isso que ele acaba por se fechar sem se dar conta. Ele gira em círculo. Nele, há Um no início, como traço que se repete, aliás, sem se contar, e por girar em círculo ele se fecha, sem mesmo saber que há três rodas.[19]

---

[18] LACAN, Jacques. (1973-1974) *Seminário 21: Les non-dupes errent.* Inédito, aula de 15 de janeiro de 1974, tradução livre.

[19] *Idem, ibidem.*

O saber masculino "fecha" o anel, mas é preciso enodá-los borroneanamente, o que pode ser feito pela trança que, por sua vez, nunca sabe quando fechá-los (na 6ª "trançada"). Isso é topológico. É a produção de um saber em torno de uma falta, é conhecer algo da diferença sexual:

> Como poderemos supor que [o ser falante] chegue a conhecer um pouco dessa distinção elementar? Bom, felizmente, para isso, há uma mulher. A mulher não existe... mas uma mulher... pode se produzir, quando há nó, ou melhor, uma trança.[20]

A mulher ser o sintoma do Homem pode ser entendido assim, como o saber que "trança" os elos dos saberes masculinos, num sintoma privilegiado que se chama amor:

> Bom, o amor [...], o amor é a verdade, mas apenas enquanto é a partir dela, a partir de um corte, que começa um outro saber além do saber proposicional, isto é, o saber inconsciente. [...] É a conexidade entre dois saberes enquanto são irremediavelmente distintos. Quando isso se produz, se produz algo... inteiramente privilegiado. Quando isso se recobre — os dois saberes inconscientes —, isso dá uma sórdida embrulhada.[21]

"O amor faz o gozo condescender ao desejo", diz Lacan um ano antes em Mais, ainda. O amor é semblante que permite a homens e mulheres viverem a comédia dos sexos possibilitando que algo do gozo possa circular no laço social, através do semblante do Um fálico ou do semblante do não-todo fálico.

---

[20] *Idem, ibidem.*
[21] *Idem, ibidem.*

FIGURA 1

A TRANÇA DA MULHER (AO LADO) E O SABER MASCULINO (ACIMA).
A produção do nó borromeano se dá quando do 6º movimento da trança (que retorna à posição de "partida", 1-2-3) aplica-se o saber masculino, que "por gerar em círculo, se fecha", unindo as pontas 1 com 1, 2 com 2, 3 com 3.

# Violência contra a mulher: amarrações do sujeito a partir de um saber não-todo

AMANDA KAROLINE DE OLIVEIRA RIBEIRO[1]

A violência contra a mulher atravessa toda a história humana, mas a problematização acerca dessa opressão sistêmica ganhou outros contornos no século XX, com os movimentos feministas[2]. A partir desse fenômeno, construiu-se toda uma produção intelectual e material que propõe o enfrentamento, a educação e a transformação social. No entanto, desse olhar

[1] Graduada em Psicologia (UECE), psicanalista e professora no curso de Psicologia da Uniateneu. Participante do Fórum do Campo Lacaniano de Fortaleza/CE.

[2] MELO, Vitor Hugo de; MELO, Elza Machado de. *Para Elas*. Belo Horizonte: Nescon, UFMG, 2016.

para o todo, algo escapa: a singularidade de cada sujeito diante do fenômeno.

É do interesse por essa temática que surgiu o desejo por uma pesquisa que partisse da escuta dessas mulheres por outra via, possibilitando a abertura para um outro saber; um que comportasse o que escapa, o que faz furo: um saber não-todo. Por essa via, o que se escuta é o posicionamento inconsciente do sujeito, com suas marcas e fixações que constroem as identificações, especialmente pelo atravessamento inicial do Outro. Irrompem da clínica histórias de amarração com esse sofrimento, onde a verdade mostra sua face de ficção, bem como as fantasias que os sujeitos constroem para dar conta da castração. É dessa escuta que apresento aqui um fragmento.

Se nos primórdios da psicanálise temos Freud tentando explicar a mulher pelo Édipo, com Lacan somos apresentados ao conceito de semblante. Dele decorre a compreensão de que a sexualidade se encontra no psiquismo por uma relação que é de representação pois, enquanto ser falante, o instintivo não é mais suficiente e o encontro sexual se torna marcado pela impossibilidade de que algo responda no nível da relação.[3] Deste modo, a sexualidade se instaura para o sujeito pela falta, o que produz a necessidade da representação. O falo vem a ser o conceito que funciona como essa representação, organizando a sexualidade humana e dividindo os modos de gozo entre dois campos lógicos[4].

---

[3] *Cf.* LACAN, Jacques. (1964) *O |Seminário, livro 11: Os quatro conceitos fundamentais da psicanálise*. Trad. M.D. Magno. Rio de Janeiro: Jorge Zahar Editor, 1988.

[4] COSTA, Ana; BONFIM, Flavia. "Um percurso sobre o falo na psicanálise: primazia, querela, significante e objeto *a*". ***Ágora***, Rio de Janeiro. v. 17 n. 2, p.229-245, jul/dez 2014.

Do lado masculino, ou fálico, opera uma lógica do todo, da potência, da completude, onde se forma um conjunto de todos que são iguais pela exceção daquele que não está submetido à castração[5]. No outro campo da divisão sexuada, está o lado feminino que opera numa lógica não-toda fálica. Isto é: quem se inscreve desse lado participa de algum modo da lógica fálica, mas não completamente, pois há algo que escapa, que não fecha[6].

Não há conjunto deste lado, pois não existe *A mulher* que não seja castrada e funde uma exceção. Todas estão submetidas à castração, porém cada uma à sua maneira. Por isso a noção de não-toda para fazer referência ao modo particular de a mulher experimentar uma parte de si que se localiza submetida ao gozo fálico e a outra, que se situa no gozo Outro, gozo que escapa ao domínio significante[7].

## O LUGAR DA MULHER NA RELAÇÃO

Inicialmente, em suas falas, as mulheres tendem a partir de um discurso alienado em que atributos historicamente associados ao feminino são usados enquanto identificação: ser "do bem", "fiel", "correta", "de família", "trabalhadeira" é o que lhes confere uma ideia positiva sobre si. O discurso religioso também se mostra muito presente, de forma que a mesma é submetida à "vontade divina": ainda que lhe traga sofrimento ou seja incompreensível, deve ser a justa.

---

[5] *Cf.* LACAN, Jacques. (1972-1973) *O seminário, livro 20: Mais, ainda*. Trad. M.D. Magno. Rio de Janeiro: Jorge Zahar Editor, 2008, aula de 13 de março de 1973.

[6] *Idem, ibidem.*

[7] COSTA, Ana; BONFIM, Flavia. "Um percurso sobre o falo na psicanálise: primazia, querela, significante e objeto a". *Ágora,* Rio de Janeiro. v. 17 n. 2, p.229-245, jul/dez 2014.

Tais atributos são ainda mais reforçados quando se trata de seu papel enquanto mulher na relação, em que tanto sua autovalorização quanto a valorização que vem dos outros estão baseadas no que ela é para esse homem, no que suporta por ele e pela relação. Ser a única que aguenta, a que ama mais, a que perdoa ou que tem pena, tudo isso lhe confere um caráter especial, pode-se dizer um certo altruísmo, uma abnegação por esse outro. Já os homens, são descritos no mais completo oposto. Eles trazem como marcas os ciúmes, a falta de respeito, o uso abusivo de substâncias, o abandono dos filhos e a infidelidade (fazendo uma forte ligação com o sexo, que não aparece do lado feminino).

## A AMARRAÇÃO

No decorrer dos discursos, logo se percebe que todas as problemáticas que as prendem na relação, como a dependência financeira, os filhos, o medo e a falta de apoio da família vieram depois, quando o destino já estava dado. São mulheres que se amarram a homens que inicialmente não têm nada que as prendam, e isso diz da relação delas com o semblante e sua "enorme liberdade" nesse campo. Como diz Lacan no Seminário 18, uma mulher "consegue dar peso até a um homem que não tem nenhum"[8].

Por esse motivo constata-se a confusão entre o que elas tentam dizer disso que as prende na relação e o que lhes escapa nos ditos, que contradiz, que mostra essa verdade inconsciente. Em "Televisão", Lacan diz dessa "loucura" da mulher: "a ponto de não haver limites para as concessões que cada uma faz a um homem: de seu corpo, de sua alma, de seus bens"[9].

---

[8] LACAN, Jacques. (1968-1969) *O Seminário, livro 18: De um discurso que não fosse semblante.* Trad. Vera Ribeiro. Rio de Janeiro: Zahar, 2005, p. 34.

[9] LACAN, Jacques. "Televisão". In: *Outros escritos.* Trad. Vera Ribeiro. Rio de Janeiro: Zahar, 2003, p. 538.

A violência não aparece aqui como algo pontual; ela se instaura deixando sintomas que parecem amarrar uma mulher ainda mais nessa trama. Os relatos das violências sofridas e suas reverberações se entrelaçam a histórias de vida balizadas por outras violências, bem como pelos traços deixados de perda e castração com os quais todo sujeito tem suas dificuldades de lidar.

A "peia psicológica" (*sic*), descrita como pior do que a física, dá mostras desse sofrimento que muitas mulheres carregam consigo como marcas. Uma amarração sintomática ao lugar em que se veem para esses homens, ao mesmo tempo uma "coluna" (*sic*) e uma "sessão de descarrego" (*sic*). Antagônicos e complementares, mas que sustentam, mesmo que pela degradação, um lugar[10].

A amarração sintomática não está em elas sofrerem pelo fato de esses homens serem diferentes do que elas imaginavam inicialmente, mas no que se desenrola no momento em que elas se dão conta disso e decidem ficar, sustentar esses homens, ter filhos com eles. Assim, acabam construindo as mesmas teias que depois parecem lhes impedir de assumir outra posição[11].

Esse homem, cada um em sua singularidade, é escolhido justamente pela marca que situa a posição dessa mulher no traumático encontro infantil com o sexual. Sendo impossível ser *A Mulher*, resta ser "uma" mulher, a eleita de um homem[12].

---

[10] RIBEIRO, Amanda Karoline de Oliveira. *É uma coisa que liga: O discurso de mulheres em situação de violência atendidas na atenção primária em saúde.* Dissertação (mestrado acadêmico) — Centro de Ciências da Saúde, Programa de Pós-graduação em Cuidados Clínicos em Enfermagem e Saúde, Universidade Estadual do Ceará. Fortaleza, 2023, p. 97.

[11] *Idem.*

[12] *Cf.* SOLER, Colette. *O que Lacan dizia das mulheres.* Rio de Janeiro: Zahar, 2006.

Nesse ponto incide o gozo do sujeito, pois, na tentativa de encaixar esse homem na sua fantasia, amam o homem para fazê-lo se tornar o que elas imaginam poder transformá-lo, nem que para isso precisem passar por todas as provações e privações. Buscam aí algo que tape o furo. No caso das mulheres, o amor parece ser esse objeto privilegiado com o qual se tenta suprir a inexistência da relação sexual[13]. Revela-se ao mesmo tempo a precariedade do amor e o lugar central que ele tem na vida psíquica de uma mulher.

Se para suportar o Outro sexo o homem situa a mulher no gozo fálico, ela se torna para este um sintoma. Já para uma mulher, desdobrada em seu gozo, relacionar-se com um homem pode se dar tanto por esse gozo fálico — que visa completar o desejo do outro se deixando desejar e estabelecendo laço —, como também por uma relação com o significante da falta no Outro, uma relação particular da qual se deduz o gozo Outro, feminino — e com esse não se estabelece laço[14].

Assim, a mulher pela sua divisão de gozo pode, ao se relacionar com um homem, ter nele uma aflição ainda maior que um sintoma, uma devastação (Lacan, 1975-76). Mas, essa devastação já vem na esteira de outra, mais fundamental, a relação com a mãe.

## A MULHER, A MÃE

A mãe é sempre uma questão, seja aquela que é mãe em demasia, seja aquela que é mulher em demasia. De um jeito ou de outro,

---

[13] GALLANO, Cármen. *A alteridade feminina.* Campo Grande: Andréa Carla Deuner Brunetto ed, 2011.

[14] MIRANDA, Elisabeth da Rocha. *Desarrazoadas: devastação e êxtase.* Rio de Janeiro: Contracapa, 2017.

é sempre pela falta que a mãe deixa sua marca. E toda criança encontra-se na posição de sofrer essa experiência, porque esse amor, como qualquer outro, é estruturado pela fantasia[15].

Para essas mulheres aqui escutadas, essa falta também é marcada na própria história, por terem sido abandonadas pela mãe, algumas na primeira infância e outras, ainda bebês. Criadas por familiares ou outras pessoas com quem foram deixadas, o abandono se fez presente também pelos abusos sistematicamente cometidos por pessoas próximas, o trabalho infantil, os castigos ou mesmo a constante sensação de exclusão, desproteção e não pertencimento que vão demarcando esse lugar essencial de abandono. O que se percebe na crença a que se apegam fielmente: a de que a mãe é que poderia lhes salvar do que vivem atualmente, que só ela seria capaz de entender. Ou seja, a esperança de que essa mãe as salve delas mesmas. Que essa mesma mãe que abandonou pudesse lhes transmitir algo que as deixasse mais capacitadas para lidar com seu próprio vazio[16].

Se *A Mulher* não existe, o que se tem são mulheres inventadas uma a uma, esperando de sua mãe alguma substância como mulher, uma orientação para inventar-se. Orientação que passa pelos meio-ditos da mulher que a mãe também é, do que ela conseguiu inventar para si do que é ser mulher[17]. Destarte, entre

---

[15] *Cf.* SOLER, Colette. *O que Lacan dizia das mulheres*. Rio de Janeiro: Zahar, 2006.

[16] RIBEIRO, Amanda Karoline de Oliveira. *É uma coisa que liga: O discurso de mulheres em situação de violência atendidas na atenção primária em saúde*. Dissertação (mestrado acadêmico) — Centro de Ciências da Saúde, Programa de Pós-graduação em Cuidados Clínicos em Enfermagem e Saúde, Universidade Estadual do Ceará. Fortaleza, 2023.

[17] *Cf.* MIRANDA, Elisabeth da Rocha. *Desarrazoadas: devastação e êxtase*. Rio de Janeiro: Contracapa, 2017.

mães que não dão substância como mulher para que as filhas se virem com a mascarada feminina e pais que claudicam em sua função, restam essas mulheres. E com elas o gozo Outro feminino, não colonizado pelo significante, que "permanece sem que se possa inserir aí um dizer que inscreva na norma fálica, ainda que em falso"[18].

E se o que não é recordado e elaborado retorna como repetição[19], é com suas filhas que essas mulheres aqui relatadas repetem o abandono, o desencontro e a devastação. Na catástrofe que é a relação entre mãe e filha[20], retornam as reivindicações e exigências que a filha endereça a sua mãe, culpando-a por suas faltas, inclusive a de tê-la feito mulher. Como ouvi na clínica, "a minha filha já aprontou comigo. E tipo, é uma perturbação na minha cabeça, uma perturbação na minha vida que eu não entendo por que que eu tô pagando o preço" (*sic*).

De acordo com Miranda a devastação ultrapassa o que Freud conceitua como *Penisneid*, ou reivindicação fálica: nela é a pulsão de morte que é soberana, podendo levar por vezes a mulher a cair num vazio. Sua saída é recorrer ao homem, com quem muitas vezes repetirá a relação que teve com a mãe (em sua fantasia):

> Na posição feminina não devastada, uma mulher pode oferecer-se ao homem como objeto porque, suficientemente

[18] *Idem,* p. 54.

[19] FREUD, Sigmund. (1914) "Recordar, repetir e elaborar" In: *Observações psicanalíticas sobre um caso de paranoia relatado em autobiografia ("o caso Schreber"), artigos sobre técnica e outros textos, v.10.* Trad. Paulo Cézar de Souza. São Paulo: Companhia das letras, 2010.

[20] FREUD, Sigmund. (1931) "A sexualidade feminina". *Amor, sexualidade, feminilidade. Col. Obras incompletas de Sigmund Freud.* Belo Horizonte: Autêntica, 2020. p. 285-312.

> falicizada pela mascarada, é capaz de sair dessa posição e voltar 'a ser um humano'. Na posição devastada, sem a referência fálica para sustentá-la, cai como objeto[21]

Por fim, o que fica são as fantasias que cada sujeito cria para lidar com isso que o atravessa, construção que não se dá por causa desse homem, desse relacionamento, mas de algo que retorna à história delas, a história de suas mães, o fantasma que vai sendo passado por gerações.

## CONCLUSÃO

A complexidade do fenômeno da violência contra a mulher ganha aqui outros contornos diante desse emaranhado que se escuta dos sujeitos. Esse homem e o relacionamento violento entram na amarração sintomática da mulher enquanto continuidade de uma devastação que se inicia na relação entre mãe e filha, e que em alguns casos continua dando mostras de sua repetição em mais uma geração.

Para isso que aparece de mais doloroso, da verdade que o sujeito mascara de si, não há enfrentamento, educação ou salvação. Disso se ocupa a psicanálise, abrindo espaço e ouvidos para o que escapa e que é absolutamente singular a cada um que se aventura aí.

Nessa descoberta, analista e analisando estão juntos na aposta pelo desejo do sujeito. Poder dar suporte com o próprio corpo a uma escuta que não busque uma mera observação de dados ou um tamponamento do sofrimento são mostras de um desejo outro. Quem sabe, de promover aquele sujeito que o

---

[21] MIRANDA, Elisabeth da Rocha. *Desarrazoadas: devastação e êxtase.* Rio de Janeiro: Contra Capa, 2017, p. 110.

próprio analista pode experimentar ao ter sido verdadeiramente ouvido: entender as infinitas possibilidades de deslizamento da palavra; compreender que aquela mesma que nos amarra pode encontrar outro destino — e, com isso, o sujeito também.

# Nós de linguagem[1]

GLAUCIA NAGEM[2]

Para fins, gatins, Alphaluz
Sexonhei La Guerrapaz
Ouraxé palávoras driz
Okê cris expacial

"Outras Palavras" — Caetano Veloso[3]

No início dos anos 1970, Lacan introduziu a topologia dos nós para mais uma vez dizer do sujeito em relação com os significantes. Essa nova topologia "teve sua origem com Gauss, em meados do século XIX" e a definição de um nó é a "de n

[1] Este artigo é uma adaptação da parte 5.2 da minha tese de Doutorado "A Palavra nos elos, superfícies e nós de Lacan" que será defendida este ano.

[2] Psicanalista e artista plástica. AME da IF-EPFCL, membro do Fórum do Campo Lacaniano em São Paulo. Docente do Centro de Estudos Psicanalíticos. Doutoranda pelo programa de Pós-Graduação em Psicologia, Processos Culturais e Subjetivação da Faculdade de Filosofia, Ciências e Letras de Ribeirão Preto (FFCLRP) da Universidade de São Paulo. Pesquisadora do Laboratório Discursivo: sujeito, rede eletrônica e sentidos em movimento (E-L@DIS/FFCLRP/USP). Contato: glaucia.nagem@gmail.com.

[3] Disponível em https://www.youtube.com/watch?v=G8LDjjgGcTo.

componentes é um conjunto de n circunferências disjuntas, mergulhadas no espaço tridimensional"[4].

Como a topologia de superfície, a topologia nodal tem algumas invariantes. A primeira a se esclarecer é a de que o menor nó, chamado trivial, é aquele formado por apenas uma roda de barbante. Todas as figuras abaixo são nós triviais.

Figura 1 — apresentações do nó trivial[5]

Lacan se deterá em cadeias que têm como característica serem compostas de vários nós triviais e que, se um deles se soltar, todos os outros também se soltam.

Inicialmente, ele utilizou um nó de três elementos, o nó brunniano, assim nomeado em homenagem à H. Brunn, que o descreveu em 1892, mas também conhecido como nó borromeano, em referência à família italiana cujo brasão continha a imagem desse nó — o que chegou até Lacan de modo contingencial, mas que lhe caiu como um anel no dedo:

> Sucedeu-me, ao jantar com uma pessoa encantadora[6] que é ouvinte nas aulas do Sr. Guibaud, que me fosse dada, como

[4] AMSTER, Pablo. *Notas matemáticas para ler Lacan*. São Paulo: Scriptorium, 2015, p. 142-143.

[5] Todas as imagens de nós foram cedidas pelo psicanalista Jorge Chapuis, de seu acervo pessoal.

[6] Roudinesco aponta se tratar da matemática Valérie Marchand. Agradeço à colega Thalita Fontenelle do FCl Fortaleza que me passou essa referência.

um anel posto no dedo, uma coisa que quero lhes mostrar, uma coisa que não é nada menos, ao que parece, segundo eu soube ontem à noite, do que brasão de armas da família Borromeu.[7]

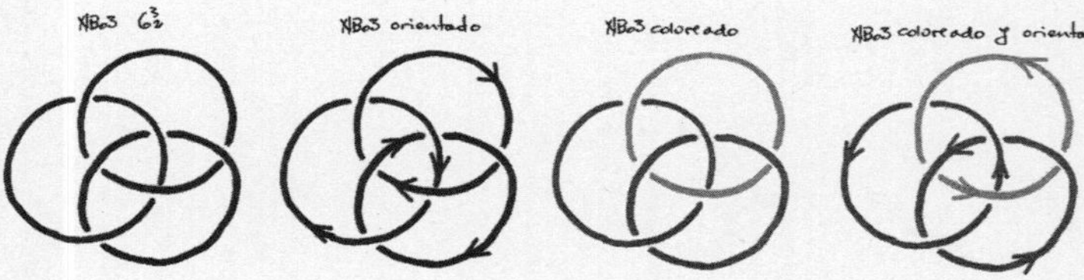


Figura 2 — Apresentações do nó borromeano

A condição borromeana é aquela sob a qual as rodas de barbante não estão presas umas às outras, ou seja, elas não se interpenetram. Por isso, apesar de seus elos estarem aparentemente amarrados, se um deles se soltar, todos os outros também se soltam. Daí a importância do estudo desse nó. Comumente o nó borromeano é citado e abordado no ensino lacaniano dos anéis usando os três registros trabalhados no decorrer de sua obra, nomeando os elos como: o Real, o Simbólico e o Imaginário. Inicialmente, nas duas primeiras aparições do nó borromeu, o psicanalista francês estava interessado em representar um outro modo de tratar a cadeia significante[8]. Os registros Real, Simbólico e Imaginário só entrarão na nomeação de cada elo do nó a partir do seminário 21, *Os* não tolos erram.

---

*Cf.* ROUDINESCO, Elisabeth. *Jacques Lacan: Esboço de uma vida: história de um pensamento.* São Paulo: Companhia das Letras, 2015.

[7] LACAN, Jacques. (1972-1973) *Seminário 20: Encore*. Escola Letra Freudiana: 2010, edição não comercial, p. 88.

[8] CEVASCO, Rithée; CHAPUIS, Jorge. *Passo a passo... rumo a uma clínica borromeana: v.1.* São Paulo: Aller Editora, 2021.

Na aula de 9 de fevereiro de 1972 do seminário 19, *...ou pior*, Lacan aplica a lógica nodal a partir de uma relação entre os três verbos da frase: "Eu te peço que recuses o que te ofereço porque não é isso"[9]. Ele inicia esta aula ressaltando a importância da língua para escutar os equívocos. Mostra um trocadilho em francês no qual a letra H (agá) entra no primeiro título de um romance de Balzac[10] equivocando o seu nome em francês (*hache*) e o som da palavra machado (*hache*). Assim, ao dizer "*Ne touchez à la hache*", em francês, soa tanto como "não toquem no agá" quanto "não toquem no machado". Ele dá outros dois exemplos da mudança de sentido da frase ao se trocar uma letra. O primeiro, o das palavras inglesas *Bowled* e *Blowed* — a primeira com o sentido de "bolado" e a segunda, "explodido" —, mostra como a mudança de lugar da letra L muda todo o sentido das palavras. E, ainda um segundo, antes de introduzir sua leitura lógica da frase com os verbos "pedir, recusar e ofertar", no qual a falta da letra E numa frase muda o sentido, pois muda o gênero referido pelo verbo utilizado[11].

Com esses exemplos ele ressalta que "durante séculos, quando se tocava na língua, era preciso prestar atenção"[12]. E, ainda, que "se constatou que quando se mexia com a língua, outro efeito que não a diversão" acontecia[13]. Vale marcar que isso é

[9] LACAN, Jacques. (1971-1972) *O Seminário, livro 19: ...ou pior.* Trad. Vera Ribeiro. Rio de Janeiro: Zahar, 2012, p. 78.

[10] *La Duchesse de Langeais* é o título de um romance de Honoré de Balzac publicado pela primeira vez em março de 1834 na revista L'Écho de la Jeune France sob o título de *Ne touchez pas la hache*, como referência ao machado usado para cortar a cabeça de Carlos I de Inglaterra.

[11] Em francês, o acréscimo da letra E no final da palavra indica que o verbo se refere a um sujeito do gênero feminino.

[12] LACAN, Jacques. (1971-1972) *O Seminário, livro 19: ...ou pior.* Trad. Vera Ribeiro. Rio de Janeiro: Zahar, 2012, p. 80.

[13] *Idem*, p. 81.

um fato que não se restringe à língua francesa. Na maioria das línguas acontece a mudança de sentido se uma letra mudar de lugar e o português não está fora disso. Em português é possível falar: "Ajeita a manga que sujou com a manga senão vão mangar de você". Cada aparição da palavra manga tem um sentido completamente diferente.

No poema "Canção", de Cecília Meirelles, as palavras passeiam em suas sonoridades com pequenas mudanças de letras:

> De borco
> no barco.
> (De bruços
> no berço...)
> O braço é o barco
> O barco é o berço.
> Abarco e abraço
> o berço
> e o barco.
> Com desembaraço
> embarco
> e desembarco.
> De borco
> No berço...
> (De braços
> no barco...)[14]

Ao se mudar uma letra, muda-se a palavra, passa-se de "borco" para "barco" trocando a O pela A; de "braço" para

[14] MEIRELLES, Cecilia. *Ou isto, ou aquilo*. Org. Walmir Ayala, ilust. Odilon Moraes. São Paulo: Global, 2020, edição digital, p. 111.

"barco", a R troca de lugar com a letra A e a Ç perde um pedaço; de "abarco" para "abraço" acontece algo parecido quando, mais uma vez, a R troca de lugar com a letra A e a C ganha um pedacinho e se torna uma Ç. A poetisa joga com o português em sua potência sonora, como nas operações propostas por Lacan. Ela movimenta o som dentro de uma cadência que produz deslocamentos semânticos, mínimas mudanças sonoras intrometidas de uma palavra na outra que viram o sentido, promovendo o jogo da lalação tão comum nas crianças pequenas. Cada falante pode lembrar onde algo parecido aconteceu. Isso é a beleza de cada língua na constituição de um sujeito, é a matéria para construir a poesia e, ao mesmo tempo, é a base dos equívocos entre aqueles que falam.

Assim, quando Lacan entra na análise lógica da frase "Peço-te que me recuses o que ofereço, porque não é isso", ele o faz sobre a base da importância da escuta do que é dito pelos pacientes, como ele diz: o que se diz e em qual língua está dizendo. Ele segue uma leitura lógica distinguindo a relação binária da relação ternária do uso dos verbos. Para isso, passa pelo esquema ternário da função da fala na qual temos o destinador (d) o destinatário (D) e, entre eles, a mensagem[15].

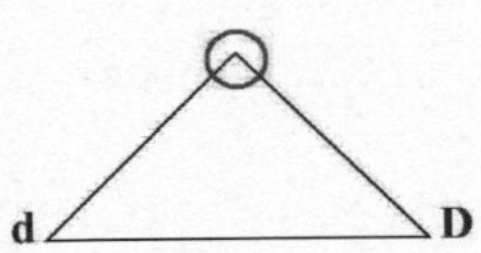


Lacan recorre a Jakobson para dizer que este inclui nesse trio destinador-mensagem-destinatário um quarto elemento, que é a significação, fazendo com que o esquema ternário se

[15] LACAN, Jacques. (1971-1972) *O Seminário, livro 19: ...ou pior.* Trad. Vera Ribeiro. Rio de Janeiro: Zahar, 2012, p. 83-84.

torne tetrático[16]. A leitura lógica da frase seria a de transformar cada elemento para formar uma equação lógica. Resumindo:

- "Eu te peço" pode ser lido pela função lógica: F = pedir; O "Eu" e o "te" como x, y;
- "Que recuses" = função lógica: f = recusar; "Eu" e "te" = x, y;
- "O que ofereço" = Função lógica: φ = oferecer; "Eu" e "te" = x, y;
- Ao final dessa leitura: F(x,y, f(x,y, φ(x,y))) = "Eu peço que recuses o que ofereço".[17]

"Trata-se de saber não como surge o sentido, mas como é de um nó de sentido que surge o objeto, o objeto em si, e, para dizer o seu nome, já que o denominei como pude, o objeto pequeno *a*"[18]. Com a frase "Peço que recuses o que ofereço porque não é isso", Lacan demonstra que a retirada de cada verso desmonta a frase inteira e não permite a conclusão porque "não é isso":

> É justamente por isso que a questão que se coloca para nós não é saber o que vem a ser o *não é isso* que estaria em jogo em cada um desses níveis verbais, mas nos darmos conta de que é ao desatar cada um desses verbos de seu nó com os outros que podemos descobrir o que vem a ser esse efeito de sentido como o que chamo de objeto *a*.[19]

[16] *Cf.* JAKOBSON, Roman. "Fonologia y fonetica por Roman Jakobson y Morris Halle". In: *Fundamentos del Lenguagem*. Editorial Ciencia Nueva: Madri, 1967.

[17] LACAN, Jacques. (1971-1972) *O Seminário, livro 19: ...ou pior.* Trad. Vera Ribeiro. Rio de Janeiro: Zahar, 2012, p. 85.

[18] *Idem, ibidem.*

[19] *Idem,* p. 88.

É nesse momento do texto que ele explica que foi enquanto se interrogava sobre a estrutura tetrática dessa frase, bem da condição que faz com que, em retirando um verbo, os demais se soltem, que a matemática Valérie Marchand lhe apresentou o nó borromeu. Ele vai declarar que "isso é uma coisa que realmente tem seu interesse, pois é preciso lembrar que, quando falei da cadeia significante, sempre impliquei essa concatenação"[20]. Esse "sempre impliquei" é um indicativo do trabalho que o psicanalista francês realizou desde seus primeiros anos de ensino. Em "A instância da letra", percebe-se como ele representa a cadeia significante como "anéis cujo colar se fecha no anel de um outro colar feito de anéis"[21]. Depois, apresenta essa conjunção de anéis a partir do grafo[22]. A partir da topologia de superfície, Lacan apresenta a cadeia significante como o redobramento do oito interior para poder dizer do sujeito representado pela banda de Moebius. A partir de agora, no início dos anos 1970, a cadeia receberá um novo tratamento a partir das propriedades do nó borromeano.

A partir da operância borromeana, Lacan amarra esses três verbos sem que nenhum deles prenda o outro, mesmo que um dependa do outro, pois, se é retirado um deles, os outros perdem sua ligação na frase. Isso ressalta uma das características nessa estrutura nodal borromeana, quando uma corda não passa dentro da outra; elas se enlaçam sem se prenderem. Essa

---

[20] *Idem*, p. 89.

[21] LACAN, Jacques. (1957) "A instância da letra no inconsciente, ou a razão desde Freud" In: *Escritos*. Trad. Vera Ribeiro. Rio de Janeiro: Jorge Zahar Editor, 1998, p. 505.

[22] A partir da pesquisa para a construção de minha tese constatei que o próprio Lacan nunca tinha nomeado o grafo como sendo "do desejo". Para acompanhar esse desenvolvimento pode-se acessar a tese.

soltura dos elos é importante no tratamento dos significantes. Um significante não está preso ao outro, mas desliza sobre o outro. Realmente, isso já está colocado desde o início, como no exemplo da estação de trem quando Lacan comenta a história de dois irmãos que, chegando na estação, olham pela janela do vagão e discutem se estão chegando em Mulheres ou em Homens, já que, de onde estavam, cada um olhava uma das portas do banheiro[23]. Esse trilho de trem seria uma melhor representação da barra do signo saussuriano. Mas, a partir da lógica nodal, isso se materializa de um modo que possibilita pensar os significantes que se enlaçam para um sentido, podendo se desenlaçar e se reenlaçar, pois não se interpenetram e, logo, não se prendem. Essa maneira de pensar a cadeia significante com base na lógica nodal proporcionou ferramentas importantes para o avanço de seu pensamento clínico. Cevasco afirma que a

> clínica dos nós borromeus não desconstrói a clínica anterior — por exemplo, a divisão clássica que distingue a neurose, psicose e perversão a partir da posição do sujeito em relação à castração (recalque, forclusão e renegação). Não se rejeita esta clínica, mas a clínica borromeana amplia as possibilidades do tratamento de categorias clínicas com outros paradigmas... e isso não deixa de ter consequências bem importantes.[24]

Em toda a sequência do ensino de Lacan que faz uso do nó borromeu é possível ouvir os ecos dessa primeira proposição,

---

[23] LACAN, Jacques. (1957) "A instância da letra no inconsciente, ou a razão desde Freud" In: *Escritos.* Trad. Vera Ribeiro. Rio de Janeiro: Jorge Zahar Editor, 1998, p. 503.

[24] CEVASCO, Rithée; CHAPUIS, Jorge. *Passo a passo... rumo a uma clínica borromeana: v.1.* São Paulo: Aller Editora, 2021, p. 18.

mesmo quando ele passa a utilizar o nó como a representação do enlace entre RSI. É possível pensar, a partir da experiência clínica, que é no dizer do paciente que se pode escutar o que é da ordem de cada um desses registros. Logo, ainda é a noção de cadeia que insistirá. O nó é para ser pensado como uma cadeia de nós triviais enlaçados borromeanamente. No seminário seguinte, *Encore*, em que apresenta o nó como cadeia, Lacan insiste na ideia de que o nó poderia ser um instrumento para dizer da cadeia significante. Sobre isso, ele chega a afirmar que a

> cadeia é, assim, algo que pode ter sua função para representar o uso da língua. Sem dúvida, não é um suporte simples; seria preciso, nessa cadeia, fazer elos que fossem se prender a outro elo um pouco mais adiante, com dois ou três elos flutuantes intermediários, e compreender também por que uma frase tem uma duração limitada.[25]

Em *Encore*, Lacan avança em questões importantes e passa um bom tempo percorrendo o conceito de significante. Mesmo que o nó propriamente dito só apareça no final do seminário, a questão do estatuto do significante e da linguagem sofrem algumas mudanças em decorrência da abordagem do conceito de gozo nesse momento da obra. O seminário inicia indicando "que a linguagem não é o ser falante [...] a linguagem se mantém ali, fica à parte e o ser falante [...] tem que lidar com ela, tal como ela se constituiu ao longo do tempo"[26]. Essa é a reafirmação de que o ser falante tem que lidar com isso onde ele nasce e se banha: a linguagem.

---

[25] LACAN, Jacques. (1972-1973) *Seminário 20: Encore*. Escola Letra Freudiana: 2010, edição não comercial, p. 252. Aula de 15 de maio de 1973.

[26] *Idem*, p. 12.

No entanto, Lacan acrescenta que o assunto a ser tratado nesse seminário é o gozo, ao que se pergunta sobre o que é útil no gozo. Aqui ele está navegando em sua língua, pois útil, "*utile*", e ferramenta, "*outil*", soam parecidos. É possível *tradizer* então: o que tem de ferramenta e de útil no gozo? Ele retorna então ao Outro, com letra maiúscula, mostrando ser esse o lugar da linguagem, e afirma: "O gozo do Outro, do corpo do outro [...] não é signo de amor [...], mas é contudo a única resposta"[27]. A noção de gozo entra no baile logo no início deste seminário, enlaçando-se nesta afirmação ao grande Outro. Ora, o Outro como a única resposta de amor, o que se pode extrair disso?

> Entramos mais uma vez com o inconsciente, como tendo sido inventado para se perceber que "o desejo do homem é o desejo do Outro". E que o amor é uma paixão que pode ser a ignorância desse desejo, mas não lhe tira todo o seu alcance. Quando se olha mais de perto, veem-se as devastações que ele causa. [...] Devastações talvez por ser próprio dele o fazer Um, e que isso atrapalha o sujeito que se ilude nessa Unicidade amorosa. Fazer Um é diferente à proposta do Há do um, onde o "do" na língua francesa mostra que é uma parte, e não o Um todo. É nessa esteira que ele diz que "O Um só teria a ver com o significante".[28]

Que diferença teria então o Um devastador desse amor unitário, o Há do Um e o Um do significante? No amor, a devastação entra nessa forçagem de dois pretenderem fazer Um, o que causa o apagamento de cada um nessa conta. Essa é uma busca cujo antídoto poderia ser pensado pela proposta de que não há

---

[27] *Idem*, p. 15.
[28] *Idem*, p. 15-17.

proporção sexual. Esse não é exatamente o tema tratado aqui, mas é preciso passar rapidamente por ele para poder tocar a mudança no conceito de significante como também a passagem para a topologia dos nós.

Ora, nesse momento de virada da obra de Lacan, o que se observa é a passagem entre o gozo fálico e o Outro gozo que não se apresenta infinito, pois nele é possível contar um a um. Essa contagem precisa refletir a diferença entre afirmar que *há o Um* da ilusão de completude do amor e *Há do Um* como uma outra contagem que não é do Um único, mas do um partido que pode gerar essa contagem: um, um, um... Aqui é retomada a afirmação de que o "Um só teria a ver com o significante"[29]. Vê-se assim que essa abordagem já afeta o conceito de significante para a psicanálise.

Neste mesmo seminário, *Encore*, há ainda outra criação importante que repercutirá no conceito de cadeia significante: o neologismo "linguisteria". A partir dele alguns teóricos chegam a marcar uma diferenciação ao modo de uma ruptura da psicanálise com a Linguística. No entanto, é possível nos perguntarmos se em algum momento Lacan usou os conceitos da Linguística de um modo puro. Arrisca-se aqui dizer que não, que desde o princípio ele se guia e se orienta pelos princípios da Linguística sem, no entanto, sobrepô-los aos conceitos da psicanálise. Essa marca é importante, pois, como visto anteriormente, mesmo utilizando conceitos extraídos da Linguística, o psicanalista não os aplica sem considerar as especificidades da psicanálise e, em especial, o inconsciente. Ele fabrica um termo homófono que, no entanto, se diferencia[30].

---

[29] *Idem*, p. 15.

[30] *Cf.* SOLER, Colette. *O em-corpo do sujeito*. Trad. Graça Pamplona, Sônia Magalhães, Cícero Oliveira, Elisabeth Saporiti. Salvador: Ágalma, 2019.

A criação dessa palavra, "linguisteria", acontece numa conversa dele com o linguista Jakobson, presente em seu seminário. Em seu diálogo com o linguista russo, o psicanalista forja um outro modo de dizer de seu uso da linguística. Considerando que o linguista estava na plateia, e que o tom é o de uma conversa, não seria melhor pensar que é uma criação chistosa entre companheiros de trabalho? Bousseyroux ressalta que Jakobson era amigo íntimo de Lacan, ao qual, inclusive, presta homenagem nesse dia, o que deixa a impressão de uma criação em diálogo e não um rompimento[31].

Voltando ao significante e à pergunta: como a construção do conceito de gozo e a leitura lógica afetaram a noção de significante? Isso é importante para se pensar o estatuto da cadeia significante nessa conjuntura. Na sequência da introdução do termo linguisteria, Lacan a relaciona à função do significante de onde diz recolher os efeitos dessa ideia. Metodologicamente, Lacan segue algumas perguntas: "O que é o significante?"[32], "O que é um significante?"[33], "O que é significância?"[34]. Dos vários desenvolvimentos realizados, destacamos sua declaração sobre a razão que o conduziu a dar tais passos: "Para situar meu significante"[35]. Note-se que ele trata como o significante "dele". Tal explicação não exclui o que a Linguística lhe ensinou,

---

[31] BOUSSEYROUX, Michel. "O *À Jakobson* de Lacan". *Revista Linguasagem*. [Dossiê monográfico: Resistências pelo poético e pelo político: discursos na contemporaneidade brasileira], São Carlos, v.37, jan. 2021, p. 312-320. Disponível no endereço http://www.linguasagem.ufscar.br/index.php/linguasagem/issue/view/63

[32] LACAN, Jacques. (1972-1973) *Seminário 20: Encore*. Escola Letra Freudiana: 2010, edição não comercial, p. 72.

[33] *Idem*, p. 73.

[34] *Idem*, p. 74.

[35] *Idem*, p. 79.

mas ressalta a especificidade que a clínica psicanalítica acrescentou à questão.

Soler articula como Lacan inclui nesse momento o Outro em sua relação ao gozo. Ela diferencia a oposição substância gozante do gozo e sujeito a-substancial do sujeito como efeito do significante. Para isso, ressalta que, a partir do seminário *Encore*, o corpo é incluído como aquilo que é preciso para gozar. Não é o corpo linguagem, mas o dito corpo substancial que é colocado como condição do gozo, mesmo que essa condição não seja suficiente. A autora ainda indica que Lacan designa uma intersecção entre substância gozante e lugar do Outro, sendo o corpo o lugar dessa intersecção. Esse lugar do corpo entre a substância gozante e o Outro da linguagem instaura a novidade desse lugar do Outro, como ela mesma acrescenta: "ao Outro do significante que ele afirmou desde o início do seu ensino, ele vem acrescentar o corpo como lugar do Outro. É porque o Outro vem se inscrever sobre o corpo substância que já há um acesso prático à determinação dos gozos, seja sobre o plano erótico ou na própria prática analítica"[36]. Nesse momento do ensino, o significante, que inicialmente indicava o assassinato da Coisa, a direção à morte, desertificação, é tomado como causa do gozo: "Temos, pois, um eixo de determinação que vai do significante ao gozo"[37]. Uma via dupla onde o significante causa o gozo e o gozo do corpo é a condição do simbólico.

Nesse caminho, vê-se que algo do significante se modifica, e considera-se que é um efeito direto do que o estudo das

[36] SOLER, Colette. *O em-corpo do sujeito*. Trad. Graça Pamplona, Sônia Magalhães, Cícero Oliveira, Elisabeth Saporiti. Salvador: Ágalma, 2019, p. 186.
[37] *Idem*, p. 188.

propriedades topológicas introduziu no pensamento de Lacan, que declara:

> Não é muito surpreendente que não se tenha sabido como estreitar, cercar, fazer guinchar o gozo, servindo-se do que parece melhor para sustentar o que chamo de inércia da linguagem, ou seja, a ideia da cadeia, dos pedaços de barbante, isto é, dos pedaços de barbante que formam círculos e, não se sabe como, prendem uns aos outros.[38]

Essa declaração remete exatamente ao trabalho feito no seminário anterior com a frase "eu te peço que recuses o que te ofereço porque não é isso", nela localizando as argolas-verbos utilizadas para demonstrar a primeira aparição do nó borromeu em sua obra. Quando o nó volta a ser trabalhado diretamente no seminário *Encore*, Lacan indica que o objetivo é a formalização matemática, pois ela é capaz de transmitir integralmente, além de localizar o nó como uma escrita. Mas ressalta algo extremamente importante: que "ela só subsiste, essa formalização matemática, se eu empregar, ao apresentá-la, a língua que eu uso [...] nenhuma formalização da língua é transmissível sem o uso da própria língua"[39]. Ora, apesar de escrita, a formalização depende da leitura na língua do leitor. Isso é fundamental para que se saiba que é preciso esforço para que a transmissão se dê na língua daqueles que ouvem.

---

[38] LACAN, Jacques. (1972-1973) *Seminário 20: Encore*. Escola Letra Freudiana: 2010, edição não comercial, p. 231.

[39] *Idem*, p. 241.

# ... não-todo...

SEGUNDA PARTE

# O fio, a trama e o nó: o feminino e a tessitura não-toda em uma análise

LIA SILVEIRA[1]

> Escrever é o modo de quem tem a palavra como isca: a palavra pescando o que não é palavra. Quando essa não-palavra — a entrelinha — morde a isca, alguma coisa se escreveu.
>
> Clarice Lispector

> A palavra é disfarce de uma coisa mais grave, surda-muda,
> foi inventada para ser calada.
> Em momentos de graça, infrequentíssimos,
> se poderá apanhá-la: um peixe vivo com a mão.
> Puro susto e terror.
>
> Adélia Prado

[1]Psicanalista, membro da Escola de Psicanálise dos Fóruns do Campo Lacaniano, membro da EPFCL-Brasil, FCL-Fortaleza.

A afinidade do feminino com o tecer e o fiar se inscreve desde tempos imemoriais através da mitologia. Entre as divindades, temos as Moiras encarregadas de fiar, medir e cortar o fio da existência humana; Afrodite, a "tecelã de ardis" e Ártemis, a "roca ou de fuso de ouro". No mundo terreno também se encontram aquelas que dominam a arte de tecer e fiar: Penélope, que tece enquanto espera o regresso de Ulisses; Ariadne, que com seu fio guia Teseu a salvo para fora do labirinto. "Virgens, amantes ou esposas, elas tecem a vida da humanidade": eventos amorosos, incidentes políticos, questões de guerra e de paz[2].

Freud, na conferência intitulada "Feminilidade" também aproxima o feminino e a arte da tecelagem ao proferir esta afirmação que talvez esteja entre as que mais lhe renderam acusações de misoginia: "Pensa-se que as mulheres fizeram poucas contribuições para os descobrimentos e invenções da história cultural, mas talvez elas tenham, afinal, inventado uma técnica, a do trançar e a do tecer"[3]. Para ele, essa invenção concerniria ao feminino por ser uma espécie de resposta à vergonha da fenda dos genitais, marcados pela castração.

Sim, visto pela ótica fálica, é esse o avatar do horror: o corpo da mulher, desprovido do pênis. Ele é, inclusive, aquilo que Freud situou como o principal obstáculo para pensar o final de análise, tendo em vista que, mesmo nos casos mais

---

[2] MARQUETTI, Flávia R. "O fio de ariadne e o touro do Ida". *Revista Eletrônica Antiguidade Clássica,* 7, 2011., p. 32-48

[3] FREUD, Sigmund. (1933) "A feminilidade". In: *O mal-estar na civilização, Nova conferências introdutórias à psicanálise e outros textos*. Obras completas, v.18. Trad. Paulo César de Souza. São Paulo: Companhia das Letras, 2018.

bem-sucedidos, diz ele, a resistência em consentir com a castração se interpunha inevitavelmente no curso da experiência[4]. Temos, ao final deste texto, um Freud desanimado com o que ele nomeou de "recusa da feminilidade", um impasse que ele se pergunta se seria possível "dominar".

Poder cernir um impasse é muito importante pois coloca a questão nos trilhos, nos bons trilhos, e Lacan se beneficia do ponto em que Freud deixa a questão. No entanto, ele adota uma postura bem diferente na forma de encará-la. "Dominar", "conquistar", "preencher" são verbos conjugados pela significação fálica e vemos como é em torno dela que gira o impasse a que Freud chega. Mas esta lógica, ao mesmo tempo em que preme para fazer consistir o todo, não cessa de escrever, ao mesmo tempo, o impossível em jogo nesta tarefa.

Que fazer, então, diante do impasse? Para Lacan é preciso interrogar a verdade, fazê-la falar até esgotar suas últimas miragens, passando na análise pelas muitas voltas em que a verdade inconsciente secreta seus mitos. Ocorre que a fala sozinha não basta para concluir, pois nada impede que se possa falar um pouco mais, e mais ainda. Então, é preciso sacar, da fala, a sua lógica. Trata-se de, a partir do fio da fala, ir tecendo algo que permita inscrever um impossível. Haveria aí uma aproximação desse processo com o trançar com o tecer próprio do saber fazer feminino e o trabalho de análise? Para explorar melhor essa questão recorrerei aqui a um acontecimento, o encontro com uma tapeçaria, ou melhor, com um conjunto delas.

---

[4] FREUD, Sigmund. (1937)"Análise terminável e interminável". In: *Moisés e o monoteísmo, Compêndio de psicanálise e outros textos. Obras completas v.19*. Trad. Paulo César de Souza. São Paulo: Companhia das Letras, 2011, p. 13-113.

## A DAMA E O UNICÓRNIO

*A Dama e o Unicórnio* é uma coleção de seis tapeçarias de autoria desconhecida que hoje compõe o acervo do Museu da Idade Média de Paris, o Museu de Cluny. Sua proveniência exata permanece um mistério, mas acredita-se que date do final de 1400, da histórica região de Flandres. Desaparecidos por muito tempo, os tapetes só foram redescobertos em 1841 por Prosper Mérimée, no castelo de Boussac. Cada uma das seis peças feitas no estilo *mille-fleurs*[5] e tem como constante as representações de uma dama nobre e um unicórnio, enquanto os outros elementos variam de acordo com o tema de cada tapeçaria.

A interpretação mais conhecida das cinco primeiras delas é de que se trataria da representação dos cinco sentidos, já que em cada uma há elementos que remetem respectivamente ao paladar, olfato, audição, visão e tato. Tudo muito bem explicado, exceto por um detalhe: não são cinco tapeçarias, mas seis. O impasse foi resolvido dizendo que, nesta última, tratar-se-ia de um sexto sentido, geralmente atribuído às mulheres.

Apesar da solução que se apressou em tamponar o enigma, *A Dama e o Unicórnio* não deixou de causar o fascínio e a interrogação de poetas, literatos, filósofos e todos aqueles que se interessam pelos mistérios da vida. Entre eles está Yannyck Haenel, escritor da frase que encontramos na entrada da instalação no museu Cluny: "são mulheres ilhadas: uma grande solidão feminina, uma solidão que tem algo de encantado"[6]. Essa frase, seguida do encontro com a beleza azulvermelha daquelas

---

[5] *Millefleur* ou *mille-fleur* refere-se a um fundo feito de muitas flores pequenas e plantas. Foi um motivo especialmente popular na tapeçaria e outras artes e artesanatos durante a Idade Média na Europa.

[6] HAENEL, Yannyck. *À mon Seul désir*. Paris: Argol Editions, 2019.

tapeçarias enormes, me fizeram pensar que essa obra podia nos dizer um pouco mais acerca do feminino e do modo como a psicanálise opera.

## OS SENTIDOS E A SENSOPERCEPÇÃO

Na fenomenologia tradicional da sensopercepção, os cinco sentidos são considerados os canais por onde o mundo chega ao corpo através de estímulos sensoriais específicos como visuais, táteis, auditivos, olfativos e gustativos, sendo em seguida representados como percepções. Enquanto a sensação envolve a recepção dos estímulos no corpo, a percepção, por sua vez, refere-se à tomada de consciência, pelo indivíduo, do estímulo sensorial[7].

Essa perspectiva pressupõe uma relação em que o objeto percebido emana sensações que vão ser codificadas pelo indivíduo que as recebe. Como diz Colette Soler, o *percipiens* (aquele que percebe) seria, nesse caso, responsável pelo *perceptum*, ou seja, pelo conjunto de sensações emanadas de um objeto real[8]. O *percipiens*, portanto, seria o agente que introduz ordem na dispersão e na multiplicidade das impressões recebidas.

Ocorre que Lacan, em seu o retorno a Freud, refuta esta tradição ao resgatar que a relação com a realidade em geral, especialmente a percepção, é perpassada pelo inconsciente. Isso porque, o campo da percepção, longe de ser ordenado pelo recolhimento direto das sensações é, antes, mediado pela linguagem que, por sua vez, ordena esse mesmo campo. Nesse sentido, o *percipiens* não é o agente que cria o *perceptum*

---

[7] DALGALARRONDO. *Psicopatologia e semiologia dos transtornos mentais.* Porto Alegre: Artmed, 2008.

[8] SOLER, Colette. *O inconsciente a céu aberto da psicose.* Rio de Janeiro: Jorge Zahar, 2007.

unificado; muito pelo contrário, ele não só é causado, mas dividido por esse objeto que a linguagem recorta no mundo. Com a psicanálise, modifica-se tudo nas velhas teorias da percepção, pois descobre-se uma outra realidade, a "realidade psíquica" que é aquela mediada pela tela do fantasma[9].

Como diz Lacan,

> Até a análise, o caminho do conhecimento sempre foi traçado no de uma purificação do sujeito, do *percipiens*. Muito bem! Nós, nós dizemos que fundamos a garantia do sujeito em seu encontro com a porcaria que pode suportá-lo, com o *a* minúsculo do qual não é ilegítimo dizer que sua presença é necessária.[10]

Desse modo, podemos afirmar que o que está em jogo na experiência analítica não é o corpo dos sentidos, pois, desde que falamos, este é obliterado pelo corpo pulsional.

## AS CINCO FORMAS DO OBJETO *a*

Os animais não têm um corpo. Quando um animal morre, ele vira carniça. Já o corpo do ser falante, mesmo depois de morto, requer marcas simbólicas que dizem "aqui jaz fulano". A linguagem, então, é o que mapeia o gozo nesse corpo, por um lado mortificando-o, limpando o gozo, mas também animando-o pelo delineamento das zonas erógenas, esses buracos por onde algum gozo vão se fazer possível[11].

---

[9] *Idem*, p. 33.

[10] LACAN, Jacques. (1964) *O Seminário, livro 11: Os quatro conceitos fundamentais da psicanálise.* Trad. M.D. Magno. Rio de Janeiro: Jorge Zahar Editor, 1985, p. 243.

[11] LACAN, Jacques. (1970) "Radiofonia". In: *Outros escritos*. Trad. Vera Ribeiro. Rio de Janeiro: Zahar, 2003, p. 400-447.

A castração simbólica operada pela linguagem é uma operação de divisão que tem como resultado a produção, por um lado, do próprio sujeito enquanto barrado ($) e, do outro, um resto que cai, algo que não entra no domínio do simbólico. Essa parte é o que Lacan vai chamar de objeto *a*. É essa pecinha faltante, ele diz, que guiará o sujeito na sua relação com o desejo. Aliás, é o fato de ela faltar o que produz toda a realidade do mundo em que ele passeia[12].

Assim, podemos dizer que o objeto *a* é o contorno de um vazio, mas que assume uma consistência episódica de gozo a partir dos objetos pulsionais. Como diz Lacan, "há alguma coisa perdida, e a maneira mais segura de abordar esse algo perdido é concebê-lo como um pedaço do corpo"[13]. Vejamos como esses objetos aparecem em cada uma das nossas tapeçarias.

Figura 1 — primeira tapeçaria: objeto oral

[12] LACAN, Jacques. (1962-1963) *O Seminário, livro 10: A angústia*. Trad. Vera Ribeiro. Rio de Janeiro: Jorge Zahar, 2005, p. 152.

[13] *Idem*, p. 149.

Nesta tapeçaria, enquanto a dama oferece a um pássaro um dos doces que a aia lhe estende, diante dela, um macaco come uma fruta. Temos aí o objeto oral, cujo protótipo é o seio do qual a criança recebe o alimento. Certamente, ninguém diria que o seio estava colado na boca da criança e lhe foi arrancado. Mas é assim que é experimentado pelo bebê nas ausências e presenças do Outro primordial. É só assim que é possível começar a simbolizar um primeiro dentro/fora. Na relação oral, ainda não há necessidade alguma do Outro, mas uma necessidade no Outro, no nível do Outro[14].

Figura 2 — segunda tapeçaria: objeto anal

Na segunda tapeçaria a dama tece uma grinalda com as flores que vai tirando de uma bandeja que entrega à aia, enquanto ao fundo um macaco cheira uma rosa. Tomamos a licença de

[14] *Idem, ibidem.*

situar aqui o objeto anal, que está velado pelo perfume das flores. Objetivamente, as fezes são um produto tóxico que precisa ser eliminado pelo corpo para sua sobrevivência. Enquanto objeto pulsional, porém, o excremento entra na subjetivação por intermédio da demanda do Outro. É no nível anal, diz Lacan que a criança, pela primeira vez, tem a oportunidade de se reconhecer num objeto em torno do qual gira a demanda do Outro[15].

Até aqui, apesar de serem experiências que envolvem alguma frustração, os objetos parciais remetem ao plano da demanda, em que o Outro, bem ou mal, tem como responder. Mas é a partir do encontro com o que se passa no campo genital que um impasse se impõe: não há um objeto que venha a responder pela pulsão no campo genital. É aí que o falo que vem a comparecer enquanto símbolo que busca suprir essa falta.

Figura 3 — terceira tapeçaria: objeto fálico

[15] *Idem, ibidem.*

Na terceira tapeçaria, a dama segura com uma das mãos o chifre do unicórnio enquanto a outra empunha um estandarte com as insígnias fálicas do brasão familiar. O unicórnio não é um objeto do mundo. Como ser mitológico, ele é uma criação simbólica e, na Idade Média, localizava uma referência ao sexual pois costumava representar ideais de força e potência, mas também de pureza e castidade. O falo, assim como o unicórnio nas tapeçarias, também é uma criação simbólica, uma criação destinada a inscrever a perda de gozo que a linguagem promove. Apesar de ser confundido imaginariamente com o pênis, o falo nunca aparece senão como falta, e isso tanto para os meninos, como para as meninas. A passagem pela experiência da falta radical do objeto da pulsão genital inscreve a castração simbólica como necessidade lógica e mobiliza a passagem do campo da demanda para o campo do desejo a partir do falo como operador[16].

É aí que a criança se depara com um furo no Outro que não responde frente a irrupção do sexual, deixando-a sozinha com o enigma de seu gozo. Diante dessa solidão, escreve-se a fantasia ($\$\diamond a$) para responder ao enigma do desejo do Outro e, ao mesmo tempo, sustentar a recuperação de um gozo perdido sob a forma do objeto mais-de-gozar.

[16] *Idem, ibidem.*

Figura 4 — quarta tapeçaria: objeto escópico

Nesta tapeçaria, a dama acaricia o unicórnio com as patas apoiadas em seu colo enquanto oferece a ele sua imagem num espelho. O objeto olhar é propriamente o que estrutura a etapa da fantasia. Ele é o que organiza o mundo sob a forma esférica, o que nos faz buscar uma imagem fechada, gestáltica, ou seja, marcada pela predominância da boa forma. No texto “O aturdito”, Lacan situa que essa construção da fantasia inconsciente se articula em torno da suspensão da função fálica, creditada a um Outro para quem a castração não se inscreveria. Apesar de funcionar para orientar o sujeito no mundo dos semblantes, é um modo de acesso “sem esperança” à relação sexual em que o “Nome-do-Pai, marcando sua praia, demonstra-se o responsável. Em seguida, Lacan acrescenta: “o real dessa praia, posto que nela soçobra o semblante, decerto ‘realiza’ a relação da qual o semblante constitui o suplemento, porém não mais do que a fantasia sustenta nossa realidade, nem menos, tampouco, já que ela é toda, exceto pelos cinco sentidos, se acreditarem em mim"[17].

É uma frase densa e um tanto enigmática, que me deixou uma questão. Acompanhemo-la passo a passo. "O Nome-do--Pai marcando sua praia", é uma referência ao litoral que, em "Lituraterra", Lacan vai situar como esse espaço entre o Saber ($S_2$) e o gozo (*a*)[18]. É pela inscrição desse "ao menos um" da exceção que o $S_1$ se incorpora, permitindo a um sujeito não mais carregar o seu objeto *a* no bolso, como é o caso na psicose. Mas o que esse Nome-do-Pai fornece são os semblantes com os quais alguém vai poder se situar na partilha entre os sexos a partir do significante fálico. No entanto, se o Édipo diz como se faz o homem, ele não diz nada sobre o que pode vir a responder pelo real do gozo feminino.

Daí que "o real dessa praia" é o que, para além do pai, comparece como o impossível de fazer a relação sexual existir, situação diante da qual o semblante soçobra (*échoue*), fracassa em alcançar a verdade do significante mestre que sustenta a fantasia inconsciente. Mas é também aí que o objeto *a* cai (*est chu*). Elaborar essa lógica permitiu a Lacan escavar o rochedo freudiano, localizando na estrutura um furo que ele vai notar com a letra: S(Ⱥ), significante de uma falta no Outro.

Se o Outro não responde, é porque a ele também falta. O Nome-do-Pai enquanto significante "realiza" a relação a partir do semblante como suplemento, mas apenas na medida em

---

[17] LACAN, Jacques. (1973) "O aturdito". In: *Outros escritos.* Trad. Vera Ribeiro. Rio de Janeiro: Zahar, 2003, p. 459.

[18] LACAN, Jacques. (1971) "Lituraterra". In: *Outros escritos.* Trad. Vera Ribeiro. Rio de Janeiro: Zahar, 2003, p. 21.

que costura a fantasia que tenta tamponar os furos com uma significação que é "toda" — e aí vem a ressalva de Lacan — "exceto pelos cinco sentidos, se acreditarem em mim"[19].

Os cinco sentidos escapam a significação fantasmática, impedem-na de se fechar, com a condição de acreditarmos em Lacan — o que significa isso? Entendo que, com esse recurso que faz à fé do seu interlocutor, Lacan está se referindo àquilo que chamou de sua contribuição original para o campo da psicanálise, que é o objeto *a*. Dessa forma, a acreditarmos em Lacan, podemos dizer que os cinco sentidos remetem ao *a*, e que é aí que está o ponto por onde se pode furar a fantasia em sua pretensão de ser "toda". Isso porque a relação do desejo não é com os objetos-rolha, mas com o objeto *a* como causa. E para que haja causa é preciso que haja hiância, pois "Só existe causa para o que manca"[20].

Entre as formas que o objeto *a* assume a partir dos objetos pulsionais, o objeto invocante é particularmente interessante para cavar essa hiância, pois apresenta a voz como potencialmente separável da cadeia simbólica[21].

---

[19] LACAN, Jacques. (1973) "O aturdito". In: *Outros escritos.* Trad. Vera Ribeiro. Rio de Janeiro: Zahar, 2003, p. 459.

[20] LACAN, Jacques. (1964) *O Seminário, livro 11: Os quatro conceitos fundamentais da psicanálise.* Trad. M.D. Magno. Rio de Janeiro: Jorge Zahar Editor, 1985, p. 27.

[21] LACAN, Jacques. (1962-1963) *O Seminário, livro 10: A angústia*. Trad. Vera Ribeiro. Rio de Janeiro: Jorge Zahar, 2005, p. 274.

Figura 5 — quinta tapeçaria: objeto invocante

Nas tapeçarias, o objeto invocante surge sob a forma do instrumento musical que que a dama toca enquanto sua aia aciona os foles. Na psicanálise, ao convocar "o que se ouve", estamos diante do objeto da pulsão invocante, aquele que remete à relação do sujeito com o desejo do Outro, cujo furo o sujeito vai tomar como vetor para o seu próprio desejo. É no nível do que se ouve que se fixa o significante da significação fantasmática, mas é também aí que algo escapa ao significante e só comparece na equação por adquirir valor de gozo. Pela operação da análise é possível ler na série significante aquilo que se repete para fazer ecoar o que escapa a ela.

Nesse ponto, é preciso recorrer à escrita para nomear de outro modo aquilo que comparece como singularidade. Aqui, chamamos nossa sexta tapeçaria, a única a conter um escrito. Nela, ladeada pelo leão e pelo unicórnio, a dama recebe das mãos da aia uma caixinha de joias. Atrás delas há uma tenda onde se lê a frase: *à mon seul désir.*

Figura 6 — sexta tapeçaria: *à mon seul désir*

Essa frase é geralmente traduzida como "ao meu único desejo". Mas *seul* em francês significa tanto "único" como "sozinho" e remete também, por assonância, a *seuil,* que coloca em jogo o "limite". É o que ressoa destes termos que, no texto "O aturdito", Lacan mobiliza para se referir a lógica não-toda fálica, aquela que opera do lado feminino das fórmulas da sexuação. Ele diz que "mesmo que se satisfaça a exigência do amor", ou seja, ser reconhecida como a única (*la seule*), "o gozo que se tem da mulher a divide, fazendo-a parceira de sua solidão (*seule*), enquanto a união permanece na soleira (*seuil*)"[22].

[22] LACAN, Jacques. (1973) "O aturdito". In: *Outros escritos.* Trad. Vera Ribeiro. Rio de Janeiro: Zahar, 2003, p. 467.

Se uma mulher se dirige ao outro em busca do reconhecimento de sua singularidade, o que ela encontra ali não funciona como complemento à falta que ela experimenta, mas, antes, coloca-a diante de um ultrapassamento de si mesma, no encontro com um gozo que extravasa aquilo que pode ser drenado pelo falo. Esse gozo anômalo, fora da palavra, incomunicável, implica uma solidão e impede que se possa fazer o conjunto delas. O que leva Lacan a dizer que "A mulher" com "A" maiúsculo, não existe. O que há, digamos, é apenas "uma mulher", cada uma, única, em sua diferença, suportada por um "*seul désir*".

## A TECITURA/ESCRITURA E O FINAL DA ANÁLISE

Na análise, trata-se de aprender a ler, diz Lacan[23]. Mas, para ler, é preciso, em primeiro lugar, desenrolar o novelo do fio da fala. Como na milenar arte da tapeçaria, no que se desfia a fala, se tece, fazendo surgir a cena fantasmática à qual o sujeito estava preso e através da qual fazia consistir o Outro.

No entanto, é preciso ir além, pois aprender a ler não basta para concluir. É necessário ainda, nesse percurso, estremecer o sentido que a fantasia ensejava para fazer surgir o lugar do fora do sentido. É preciso que o furo desse lugar fora de sentido não tampone, restando apenas como um lugar em reserva por onde *un seul désir* possa ressoar. Como afirma Signon, só assim é possível ler de outro modo, ler a partir do furo, do impossível, do intraduzível, renunciando à verdade dada: "ler de outro modo, portanto, é ler o não-todo, é ler que em tudo há o não-todo[24]".

---

[23] LACAN, Jacques. (1971) "Lituraterra". In: *Outros escritos.* Trad. Vera Ribeiro. Rio de Janeiro: Zahar, 2003.

[24] SIGNON, F. "Lire à la lettre". In: NGUYEN, A. *La Clinique Lacanienne.* Paris: Editions Stilus, 2020, p. 43, tradução livre.

A fantasia, podemos dizer, não é um quadro, mas uma tapeçaria em que, para além da imagem e do sentido que ela representa, se nos aproximarmos mais, podemos discernir que, ali, trata-se dos fios (a trama da cadeia simbólica) e dos furos que ela tece. Assim, uma análise na perspectiva lacaniana deve levar ao atravessamento desse furo, momento de extrema solidão e de angústia. É preciso ainda que, no manejo da transferência, o analista permita restolhar, sondagem minuciosa dos restos, aproximando-se da filigrana da tecitura para passar da leitura da trama/tramoia à escrita da trama/urdidura com que cada um pode fazer sua solução singular. Como propõe Izcovich, frente à indeterminação em que alguém se encontrava no início da análise, a escrita da letra se coloca como uma ancoragem para o ser que não pode terminar a análise à deriva[25].

Essa escrita tem uma afinidade com o não-todo, modo propriamente feminino de saber fazer com o gozo, trançando seus furos como numa tapeçaria. Permitimo-nos dizer, então, que o final da análise convoca a arte de tecer nós possibilitando aceder a algo que, ao invés de se defender da fenda, possa dar contorno a ela.

Lacan não por acaso encontrou na tecitura do nó borromeano o recurso que lhe permitiu pensar a clínica a partir da singularidade com que cada um amarra R.S.I e do ato analítico como uma experiência de manejo desse nó[26]. Assim, para além da decifração simbólica, uma análise é a experiência de remanejamento da posição do sujeito diante do gozo, de modo

---

[25] IZCOVICH, Luis. "Se faire à la lettre". In: *Psychanalyse et écriture.* Paris: Editions Stilus, 2023.

[26] *Cf.* CEVASCO, Rithée; CHAPUIS, Jorge. *Passo a passo... rumo a uma clínica borromeana, v.1.* Trad. Paulo Sérgio de Souza Jr. São Paulo: Aller Editora, 2021.

a consentir com o feminino e produzir uma abertura para o não-todo fálico, pois é desse não-todo, afirma Lacan na "Nota italiana", que depende o analista.

# Barroco e psicanálise: da vertigem à crise, do mais ao menos. De *alíngua* à letra

LARISSA FIGUEIREDO[1]

Em "A ciência e a verdade", Lacan afirma que o sujeito da psicanálise é o mesmo sujeito da ciência e que não há nem ciência do homem nem homem da ciência, havendo apenas seu sujeito[2]. A noção de sujeito[3] e a exclusão discursiva dos seus

[1] Psicanalista, participante do FCL-Fortaleza. Contato: *larissamafo@hotmail.com*

[2] LACAN, Jacques. "A ciência e a verdade" (1965). In: *Escritos.* Trad. Vera Ribeiro. Rio de Janeiro: Jorge Zahar Editor, 1998, p. 873.

[3] "Descartes inaugura a filosofia moderna com um novo paradigma de racionalidade filosófica calcado na noção de subjetividade. A subjetividade é entendida até a modernidade como propriedade das entidades reais, pois o sujeito era tido como um objeto, uma entidade. 'A palavra sujeito adquire foro

efeitos no saber produzido pela ciência inauguram a era moderna, de forma que se torna inevitável observar historicamente a via sintomática da arte nesse momento de profundas transformações socioeconômicas, políticas e subjetivas. O Barroco é a manifestação artística mais evidente, ampla e diversificada desse momento crucial. Ele surge no bojo da chamada Crise Geral do Século XVII[4] e revoluciona o mundo da representação pictórica e literária. Nesse sentido, ao contrário dos manuais de história da arte que classificam o Barroco como uma escola ou movimento artístico com tempo de duração determinado, vamos, no presente ensaio, estudar uma outra hipótese: a de que o Barroco é uma das respostas à crise instaurada pela foraclusão do sujeito do discurso do saber vigente, bem como a de que uma outra resposta possível é a inventada pela psicanálise, cuja função lógica é afim à do barroco, ainda que, no entanto, ela possua um operador divergente, cujo efeito é radical em relação à crise do sujeito — a letra.

## DA VERTIGEM...

É a aplicação sistemática da chamada dúvida hiperbólica que leva Descartes a estabelecer o *cogito,* prova ontológica da

de linguagem filosófica a partir e no sentido da tradução latina (*subjectum*) do grego *hypokeimenon,* cujo significado principal foi cunhado por Aristóteles: o que está na base ou por baixo, o que porta ou é suporte de, daí ser traduzido também por substrato ou substância'". OLIVEIRA, L. S. de. "A ideia do sujeito em Descartes e seu significado para a filosofia moderna". *Revista Sociais e Humanas, [S.l.],* v. 11, n. 1, p. 68-79, 2010. DOI: 10.5902/231717581049. Disponível no endereço: https://periodicos.ufsm.br/sociaisehumanas/article/view/1049. Acesso em: 24 de julho de 2024.

[4] "Crise Geral do Século XVII" ou "Crise Geral" é uma expressão criada pelo historiador Eric Hobsbawm em seu artigo "As Crises do Século Dezessete" de 1954. HOBSBAWM, Eric. "A crise geral da economia europeia no século XVII". In: SANTIAGO, Theo Araújo (Org.). *Capitalismo: Transição.* Rio de Janeiro: Eldorado, 1975.

existência do Ser. A radicalidade da dúvida aplicada sistematicamente pelo filósofo sobre si mesmo é resumida na figura de linguagem da hipérbole, que tem sua origem na figura geométrica associada à noção de vertigem (palavra derivada do latim *vertigo*, significando movimento de rotação; no uso comum, é referida à *sensação de queda, giro*; no uso figurativo, à de *desvario)*. Essa inquirição construída filosoficamente é aplicada por Descartes para que se estabeleçam bases sólidas em seu percurso para a verdade e, assim, se exclua do seu raciocínio tudo que é duvidoso ou falso. A incerteza o leva a suspender todos os juízos e, desse instante de vertigem, surge um instante de verdade: há coisa pensante, um *eu que é* no instante mesmo em que pensa. Notemos que Descartes, em sua "Meditação Primeira"[5], descarta os sentidos e as coisas dos sonhos — ou seja, o que é do corpo e o que é do inconsciente. Daí, torna-se possível estabelecer um *eu* — unidade idêntica a si mesma — fonte do pensamento e do ato, instância de consciência de si, identificada ao Ser, que, por sua vez, é identificado com o pensamento: *eu penso, portanto eu sou.*

## ...À CRISE: *NO PRINCÍPIO ERA O VERBO E O VERBO ESTAVA COM DEUS E O VERBO ERA DEUS*[6]

"Deus está morto!" Anuncia um filósofo[7], alvissareiro das velhas novidades. O paradoxo de tal novidade é que Deus só o

[5] DESCARTES, René. *Meditações Metafísicas*. São Paulo: Martins Fontes, 2000.

[6] "No início era o Verbo, e o Verbo estava voltado para Deus, e o Verbo era Deus. Ele estava, no início, voltado para Deus. Tudo foi feito por meio dele; e sem ele nada se fez do que foi feito. Nele estava a vida, e a vida era a luz dos homens, e a luz brilha nas trevas, e as trevas não a compreenderam." JOÃO, 1:1-5.

[7] "Deus está morto. Deus permanece morto. E nós o matamos. Como devemos nos consolar, os assassinos de todos os assassinos? O que foi mais sagrado

é enquanto pai morto, já que o registo do simbólico, a Lei, é a inscrição da lápide divina, Verbo que ecoa e ordena a ligação dos homens entre si e com o divino, com o mistério. Não à toa, o termo religião está vinculado etimologicamente tanto à noção mais popularmente difundida de *religare*, ligar, atar, como à de *religere*, reler. A constatação nietzschiana pôde ser enunciada porque o discurso do saber moderno parte da dúvida racional e da exclusão do mundo dos sentidos, prescindindo das elaborações teológicas que indicavam a palavra divina, a verdade absoluta como fonte de todas as verdades e, logo, de todo saber, na perspectiva da fé como predecessora da razão. Ao lema de Santo Anselmo (*fides quærens intellectum,* "a fé que procura entender") contrapôs-se a prova ontológica do Ser de Descartes.

Essa solução ontológica cartesiana estabelece as bases filosóficas para que a ciência moderna consiga explicar o mundo das coisas sem a necessidade apriorística do apelo à metafísica. Sua fundamentação é a racionalidade originária do pensamento, o que causa o exílio daquilo que não é enquadrável no recorte do pensamento e da lógica. Assim, o Verbo divino perde potência no seu poder de conexão e leitura do mundo, enfraquecendo o seu valor de verdade como resposta às questões metafísicas do sujeito moderno. Se antes a ciência medieval fornecia uma visão estruturada, fechada e espiritual do mundo como fonte do saber, agora a ciência moderna passa a se alicerçar no pensamento racional-dedutivo, na observação neutra dos fenômenos e na técnica.

---

e mais poderoso de tudo o que o mundo já possuiu sangrou até a morte sob nossas facas: quem vai limpar esse sangue de nós? Que água existe para nos limparmos? Que festivais de expiação, que jogos sagrados teremos de inventar? Não é a grandeza deste feito grande demais para nós? Não devemos nos tornar deuses simplesmente para parecer dignos disso?" NIETZSCHE, Friedrich. *A gaia ciência*. Lebooks: 2019 [livro eletrônico].

Tal expulsão da mística (até então o principal semblante garantidor do Ser) pelo saber moderno desvela a falta do significante no Outro S(A̸) e faz fracassar a fantasia cosmológica do cristianismo medieval como explicação suficiente do mundo, instaurando uma crise que surge no momento mesmo da "certeza imediata" cartesiana. Certeza que já naufraga na própria enunciação, pois, ao isolar o pensamento do sujeito (sou/ou/penso), toma por constatação verdadeira uma ficção criada pela formulação sintática coerente da frase. A evidência da falsidade semântica dessa formulação ulula: não controlamos nossos pensamentos. Curioso lembrar que o próximo passo de Descartes, após três sonhos consecutivos e enigmáticos[8], é a construção da prova cosmológica da existência divina para garantir a existência do mundo exterior.

O referido momento de método, ao enunciar a conjunção lógica "penso ∴ sou", elude que há um "não penso", ou seja, simultaneamente à cena da fundação do sujeito da ciência moderna, surge uma outra cena. É por isso que Lacan, no seminário sobre o *Ato analítico*, de 1967, fará a disjunção desse "não penso" com "não sou", no movimento de operação lógica inverso ao da conjunção cartesiana, qual seja "ou não penso ou não

---

[8] Os três sonhos consecutivos são, na verdade, três partes de um mesmo sonho, intercaladas com momentos breves de vigília. Primeiramente, um redemoinho o joga contra a parede de uma igreja e ele fica sabendo que um conhecido quer dar a ele um melão; depois, no segundo sonho, Descartes é despertado pelo barulho de trovão e vê labaredas de fogo em seu quarto; no terceiro, ele vê um dicionário e uma coletânea de poemas, onde se podia ler um trecho de um poema escrito no século IV d.C. por Ausônio (no próprio sonho Descartes percebe que aquilo é um sonho e que precisa interpretá-lo: as duas primeiras partes seriam recriminações pelo modo como desperdiçou parte de sua vida e a terceira parte revelaria o desejo de orientar-se para a "verdade universal"). ZAGO, José A. (2016). "O sonho de Descartes e o despertar de Kant". *Aufklärung: Journal of Philosophy*, p. 146-147. Disponível no endereço: https://doi.org/10.18012/arf.2016.28391. Acesso em 27 de agosto de 2024.

sou", situando o ponto de partida da análise na separação entre ser e pensamento, o que dá ao ato do analista o condão de fazer falar o inconsciente ("não sou", o pensar sem sujeito) e reaparecer o corpo ("não penso", o Isso) excluídos pelo *cogito.*

Com a experiência da clínica, escutamos, de forma frequente, do sujeito que nos chega, a queixa sobre uma crise (crise do casamento, crise no trabalho, crise existencial etc.) causada, como sabemos, pelo fracasso de sua fantasia que já não é mais a eficiente obliteradora da inconsistência do Outro. Esse fracasso leva aquele que sofre a procurar pela psicanálise por supor nesta um saber, que, encarnado na figura do analista, poderá lhe fornecer as respostas que supostamente reorganizarão a sua fantasia, fazendo-o retornar a um estado imaginário de completude. No entanto, o que esse sujeito encontrará não se tratará disso, mas da sua divisão estruturalmente irreparável. É nesse percurso que se constatará que o fracasso da fantasia, na sua função de velar a falta de um significante ao Outro, não leva por si só o sujeito a renunciar a nada do gozo que opera como *leitmotiv* do queixume endereçado ao analista.

## DO MAIS...

O gozo, como sabemos, é sempre insatisfeito. Sua totalidade está na esfera do mítico, o gozo total é um horizonte pressuposto, instaurado pela perda da libra de carne, pagamento da entrada dos seres falantes no mundo da linguagem, do simbólico, uma fantasia de completude. O gozar está impregnado de um mais ainda, o que quer dizer que, ao se gozar, perde-se gozo. Essa tendência entrópica faz empuxo para mais gozo na pretensão de que o mais ainda suplante tal perda, o que não acontece, ficando a negatividade dessa operação patente nos processos de sofrimento psíquico em que o sujeito se direciona à morte com maior quantidade de movimento, empenhando mais de seu corpo na paga por mais gozo. O corpo, aquele desterrado pelo cogito, que, como vimos anteriormente, ficou de fora na identificação do ser ao pensamento e que volta à tona na torção lógica executada pelo ato analítico, goza.

Destarte, psicanálise e barroco estão no mesmo campo: o do sujeito que tem um corpo, substância gozante.

Diante de sua própria crise e ameaçada pela Reforma, teologia baseada na modéstia, no trabalho e na razoabilidade litúrgica, que atraía e abrigava esse homem agora sem centro, a Igreja Católica, na contracorrente da iconoclastia protestante, vem recolocar o corpo em cena. A contrarreforma visava reforçar a autoridade e o poder papal, persuadir e seduzir. Trata-se de uma nova retórica, estabelecida pelo Concílio de Trento (1545), no qual os novos princípios estéticos que passariam a reger a arte barroca foram estabelecidos. Destaca-se a questão da representação de Deus, que, por sua espiritualidade e consequente invisibilidade, não possuiria imagem, o que leva ao problema da permissão de sua representação imagética sem incorrer em blasfêmia; nessa direção, a representação dos santos e da Virgem Maria em passagens de textos sagrados passa a ser privilegiada. A sobriedade e a decência (ausência de nudez) são exigidas pelas novas prescrições, que não serão seguidas à risca, na prática. Não à toa, Lacan aponta que: "falo apenas do que se vê em todas as igrejas de Roma, em tudo o que se pendura nas paredes, tudo o que desmorona, tudo o que é delícia, tudo o que delira, não é? Enfim, o que chamei, há pouco, de obscenidade, mas exaltada"[9].

---

[9] LACAN, Jacques. (1972-1973) *Seminário 20: Encore*. Escola Letra Freudiana: 2010, edição não comercial, p. 236.

Essa nova retórica aposta no horizonte do gozo mítico, seu efeito pictórico vertiginoso está dedicado à persuasão desse homem novo, caído do *centro céu*. O corpo escópico substitui então a óptica do ideal humanista renascentista. Essa mudança de posição do espectador mina o gozo. Em outras palavras, a arte, no barroco, não diz mais respeito à posição neutra do espectador como observador da representação da coisa, mas sim da posição *crítica* desse espectador arrebatado pela representação deformada da coisa. Faz-se assim a salvação do Deus morto através da sedução exercida por um corpo que é gozado além: "esta doutrina não fala senão da encarnação de Deus num corpo, e supõe mesmo que a paixão sofrida por essa pessoa tenha constituído o gozo de uma outra"[10]. O barroco é, portanto: "(...) a regulação da alma pela escopia corporal"[11].

Regulação aparelhada da linguagem, persuasão do corpo à miragem do infinito, que, transcendido e arrebatado, é marcado e martirizado numa nova pictografia concentrada na exposição do martírio e do êxtase. O gozo é, desse modo, exaltado, mas sem relação com a cópula. A representação da relação sexual é apagada para que apareça a opulência do Outro gozante, cujo excesso acaba por realçar o furo no simbólico, o "não há relação sexual". Esse esforço, que busca sempre o mais ainda, revela, então, em uma leitura mais aprofundada, a impotência desse discurso imagético e também literário que, em algum momento, fatalmente, se exaure e então, nulo de efeitos de cooptação das subjetividades, recai, a certa altura, no cômico ou no trágico, como bem podemos apreender pela história da arte, com a derrocada do barroco no decorativismo

[10] *Idem*, p. 233.
[11] *Idem, ibidem.*

do rococó ou pelo aspecto pejorativo da expressão "barroco" no seu uso metonímico, a partir do neoclassicismo, para aquilo que é, por seu exagero, considerado de mau gosto, excessivo, grotesco.

Na contramão de tais efeitos, os efeitos do ato do analista se distinguem dos do barroco, pois, como podemos verificar na história da ciência moderna, o sujeito, mais que Deus, havia perdido a noção de centro, de centralidade:

> A subversão [...] não consistiu de modo algum em ter mudado o ponto de virada do que gira, foi em ter substituído o "isso gira" por "isso cai". O ponto forte [...] foi um pouco mais Kepler, pelo fato de que, para ele, isso não gira do mesmo modo, gira em elipse. E já é o mais enérgico corretivo para essa função de centro, é ela que está em questão.[12]

Assim, a psicanálise não caminhará no sentido de recuperação ou de construção de uma nova centralidade, a via psicanalítica não é religiosa nem fornece uma nova visão de mundo. O dispositivo analítico é uma invenção que se relaciona com a diminuição da velocidade e da quantidade do gozo, ao seu enxugamento, para que possa advir uma nova posição do sujeito em relação à crise, como veremos adiante.

## ...AO MENOS

Às *barroconsiderações* de Lacan sobre o que aconteceria se um chinês se deparasse com a representação dos mártires, Haroldo de Campos, em "Barrocolúdio, transa chin?", argumenta que

---

[12] *Idem,* p. 236.

na literatura chinesa também há barroco, "fruto de uma era de perplexidade intelectual", e que os chineses "deveriam ter experimentado conflitos mentais irresolvidos", sendo possível *barroquizar-se* o chinês: "E então como expõe o dr. Lacan, ao dispor para nós a ob(via)cena burocolúdica"[13].

Essa compreensão do barroco corrobora a nossa ideia de que este é um modo de subverter a divisão e o descentramento do sujeito moderno, uma operação, como demonstramos, que pretende solucionar a crise causada pela foraclusão do corpo do discurso científico-racional da modernidade. O barroco é uma tentativa de (re)mistificar a existência humana, de restabelecer a ligação do homem com o mundo metafísico através da presentificação do corpo perpassado pelo gozo, sendo essa solução verificável em qualquer via sintomática da arte em que o *horror vacui*, o *chiaroscuro*, o gongorismo, o escorço exagerado, dentre tantos outros recursos originados pela tendência ao preenchimento do vazio e ao esforço linguístico da representação do gozo, comparece.

A solução inventada pela psicanálise frente a essa crise é outra: ela não encampa a via da sutura da divisão do sujeito nem propõe, como afirmamos, uma nova centralidade; ao contrário, ela sustenta o descentramento: "Não é, até segunda ordem, o discurso analítico, tão difícil de sustentar em seu descentramento"[14]. Para isso, se faz necessário encarar essa questão por outro viés.

---

[13] CAMPOS, Haroldo de. "Barrocolúdio transa chim?" e "O afreudisíaco Lacan na galáxia de lalíngua". In: CESAROTTO, Oscar (org.) *Ideias de Lacan*. São Paulo: Iluminuras, 1995, p. 164-168.

[14] LACAN, Jacques. (1972-1973) *Seminário 20: Encore*. Escola Letra Freudiana: 2010, edição não comercial, p. 112.

## DE *LALÍNGUA*...

No final do seminário *Encore*, Lacan, ao fazer uma espécie de síntese do seu percurso, vem nos falar de *lalíngua* como gozo da linguagem anterior ao gozo do Outro, sendo inaugural do falasser e não servindo para comunicar: "a linguagem é o esforço feito para dar conta de algo que não tem nada a ver com a comunicação, e é o que chamo de [*lalíngua*]"[15].

Assim, o inconsciente seria feito de *lalíngua*, como vemos logo em seguida: "Foi o que a experiência do inconsciente nos mostrou, na medida em que ele é feito de [*lalíngua*]"[16]. A linguagem seria o que se tenta recolher de *lalíngua* como saber da ciência, uma "elucubração de saber de [*lalíngua*]"[17], ao passo que o inconsciente seria um "saber-fazer com [*lalíngua*]"[18]. Mas, saber fazer o quê? Causar efeitos de afetos. Saber de que "não tem nada a fazer"[19]. *Lalíngua* causa efeitos de afetos no corpo. É, como disse Haroldo de Campos, "uma língua enfatizada, tensionada pela função poética"[20].

Em *lalíngua*, a pulsão invocante, através do objeto voz, faz circular o gozo no anteparo da linguagem. É para gozar que se fala, estando o sentido, o conteúdo do que se diz, secundário em relação à aparição do sujeito, que se dá pela articulação dos significantes. Em análise, a busca pelo sentido derradeiro leva à falação infinita, pois os significantes em jogo podem ser articulados indefinidamente, fazendo com que o deslizamento do

[15] *Idem*, p. 266, tradução modificada.

[16] *Idem*, *ibidem*.

[17] *Idem*, p. 267.

[18] *Idem*, *ibidem*.

[19] *Idem*, p. 268.

[20] CAMPOS, Haroldo de. "Barrocolúdio transa chim?" e "O afreudisíaco Lacan na galáxia de lalíngua". In: CESAROTTO, Oscar (org.) *Ideias de Lacan*. São Paulo: Iluminuras, 1995, p. 189.

sujeito nessa cadeia significante não seja exaurível e se dê, portanto, numa espécie de barroquização. Porém, a intervenção do analista faz cessar a cadeia, a interrompe. Esse corte causa o reposicionamento do sujeito em relação ao seu discurso pois um ponto de basta é apontado e atuado pelo analista, o que faz, em primeira instância, o analisante ressignificar o dito e, em última instância, o analisante escrever algo daquilo que o leva a gozar através da fala infinita.

## ...À LETRA: *E O VERBO SE FEZ CARNE*

O gozo inaugurado por *lalíngua* é fruto do encontro do significante com o corpo. Ao barrar a tendência ao infinito da cadeia significante, no ponto preciso da aparição do sujeito do inconsciente, pode-se fazer uma escrita específica. Trata-se de contornar e delimitar o gozo de *lalíngua*. Essa escrita, inaugurada pelo traço unário, rasura contável em sua repetição, ao passar pelo dispositivo analítico passa a ser da letra, delimitação específica entre o corpo do falasser e o Outro da linguagem, a quem o sujeito pretensamente se direciona ao dirigir a fala ao analista. O conceito de letra refere-se a um traço mínimo do gozo, resultado da redução e do ancoramento deste. A letra evita os efeitos devastadores da não contenção do gozo, da sua entropia estrutural. É o estabelecimento de um limite, no sentido matemático. Trata-se da inscrição de um traço na carne do falasser que faz a erosão circunscrita da superfície da substância gozante, demarcando o *um* do sujeito, no que ele pode extrair como diferença absoluta do seu sintoma. As condições de gozo do sujeito são reescritas através da letra. De outra forma, estariam fadadas à repetição ensejada pelo traço unário, significante primevo do Outro inscrito na carne na experiência de inserção do ser no mundo da linguagem, do simbólico, identificando o sujeito sem que ele o saiba.

Portanto, o conceito de letra, no nosso entendimento, é com o que o discurso analítico, apesar de estar do lado do barroco, como afirma Lacan, suporta uma posição crítica em relação ao gozo, evitando o colapso ou a dessensibilização do corpo sem recalcar a crise causada pelo saber da não-relação sexual, que *não cessa de não se escrever.* Uma análise, então, pode levar à escrita de algo que *cessa de não se escrever*, precipitando um acontecimento novo, uma nova poética do sujeito: *nem menos nem mais nem menos menos*, como disse o poeta[21].

---

[21] CAMPOS, Haroldo de. *Xadrez das estrelas*. São Paulo: Perspectiva, 2008.

# O que se apre(e) nde para amar? Considerações a partir de Clarice Lispector e Lacan

ANNA PAULA FAGUNDES BEZERRA[1]

> Amar é dar ao outro a própria solidão?
>
> Clarice Lispector

*Uma aprendizagem ou o livro dos prazeres* é, segundo Clarice Lispector, "uma narrativa de uma iniciação e um hino ao amor"[2], uma obra que trata do grande mistério que tudo contém e que pediu uma liberdade maior para acontecer, ainda segundo a autora. O que se apre(e)nde do amor?

---

[1] Psicanalista, membro do Fórum do Campo Lacaniano de Fortaleza.

[2] LISPECTOR, Clarice. (1969) *Uma aprendizagem ou o livro dos prazeres*. Rio de Janeiro: Rocco, 1998, p. 13.

Famosa por seu estilo, que transborda o sem sentido e reinventa uma gramática, Clarice versa sobre questões existenciais que tangenciam o ser, a verdade, a mulher, numa narrativa que põe constantemente o real em questão. Em licença poética pode-se fazê-la figurar ao lado de Marguerite Duras, homenageada por Lacan e sobre quem ele diz: "ela revela saber sem mim aquilo que ensino"[3].

A história de *Uma aprendizagem ou o livro dos prazeres* é sobre Lóri, uma professora de ensino fundamental que tem uma vida melancólica e solitária, e se muda para o Rio de Janeiro fugindo da falta de liberdade que a cidade do interior lhe impunha, bem como dos olhos vigilantes do pai. Lóri, apelido de Loreley tal qual a sereia personagem de Heine e de Apollinaire, que atraía para as pedras os barqueiros do Reno, seduz homens, numa captura tanto constante quanto fugaz. A mesada que o pai lhe manda é usada para comprar vestidos justos e caros, com os quais ela se arruma para mascarar o que não apreende de si. O que é uma mulher? Apesar dos vários amantes, ela nunca experimentou a intimidade com nenhum homem, as relações são sempre fortuitas e superficiais. Ela "emprestava o seu corpo a si própria para o prazer, era só isso, e mais nada"[4]. Lóri conhece Ulisses, um professor de filosofia, arrogante e egocêntrico, e o encontro lhe causa um equívoco: ela pensa querer aprender com ele filosofia, mas quando percebe que ele não deseja ensinar-lhe nada, já era tarde, estava capturada na emboscada que o significante qualquer ($S_q$) trama no amor. Então, para ambos,

[3] LACAN, Jacques. (1965) "Homenagem a Marguerite Duras pelo *Arrebatamento de Lol V. Stein*". In: *Outros escritos*. Trad. Vera Ribeiro. Rio de Janeiro: Zahar, 2001, p. 200.

[4] LISPECTOR, Clarice. (1969) *Uma aprendizagem ou o livro dos prazeres*. Rio de Janeiro: Rocco, 1998, p. 13.

a partir daí, se coloca a questão: O que queres tu de mim? Dá-se então a *aprendizagem*, travessia rumo ao encontro que só é possível a partir do que cada Um pode dar: a falta.

Em seu seminário 21, *Os não-tolos erram*, Lacan faz objeção à concepção do amor como conhecimento. Amor não é conhecimento, é acontecimento, "coisas que acontecem quando um homem encontra uma mulher"[5]. Embora não haja relação sexual, o amor é um fato. E ele se questiona por que um homem ama uma mulher, o que está implicado para que o amor aconteça? Há várias respostas para essa pergunta, diz Lacan, mas ele elege uma: pela boa sorte (*bon heur*), pelo acaso. Algo que Marguerite Duras, escritora por quem Lacan se disse arrebatado, já havia antecipado de forma mais poética: "Donde pode nascer o amor? Talvez de uma súbita falha do universo, talvez de um erro, nunca de um ato de vontade"[6].

De qual aprendizagem Clarice nos fala? Lóri se depara, ao encontrar Ulisses, com um corte na repetição das escolhas amorosas até ali: ela pinçava homens ao acaso, em encontros fortuitos, que quase nunca tinham uma segunda vez. Mas Ulisses não é como os outros e não aceita viver com ela uma relação casual. Diz querer, além de seu corpo, sua alma. Recusa as demandas que ela lhe endereça, questionando nela o desejo e evitando lhe dar respostas sobre o que ela quer. Pretende que ela "aprenda a andar com as próprias pernas"[7]. Lóri se angustia: "o que é que ele queria dela, além de tranquilamente

---

[5] LACAN, Jacques. (1973-1974) *Os não-tolos erram / Os nomes do pai: seminário entre 1973-1974.* [Edição eletrônica] Porto Alegre: Editora Fi, 2018, p. 71.

[6] DURAS, Marguerite. *A doença da morte*. Tradução de Jorge Bastos. Rio de Janeiro: Taurus, 1984, p. 52.

[7] LISPECTOR, Clarice. (1969) *Uma aprendizagem ou o livro dos prazeres*. Rio de Janeiro: Rocco, 1998, p. 15.

desejá-la?"[8]. O desejo de Ulisses é mudo: Ele nada responde. Ele promete esperar até que ela esteja pronta, e a história se desenrola em torno do mergulho que Lóri faz em si, num atravessamento subjetivo do que há de estrangeiro em si mesma, de uma posição fálica à possibilidade de entregar ao outro sua castração. Lóri passa a vivenciar uma angústia atravessada de questões sobre o desejo de Ulisses e, por efeito, o seu. Quem era ela? O que desejava? Que vida era aquela que levava? Aos poucos, seu olhar vai ganhando contornos e podendo incluir as dores de viver, fazendo outra coisa com isso que não se isolar e colocar obstáculos nos laços com os outros. Passa a se relacionar com seus alunos de forma mais genuína, querendo saber de suas vidas e criando estratégias de minimizar a pobreza em que viviam. Passa a suportar as ausências e silêncios de Ulisses sem mais pensar em desistir dele.

Embora morasse de frente para o mar, Lóri não tinha coragem de banhar-se nele. Era de cidade provinciana, sem mar, e não tinha o costume de ir à praia, mesmo que estivesse de frente a ela cotidianamente já fazia um tempo. Então, numa noite escura e chuvosa, decidiu adentrar pela primeira vez, sozinha, com a praia deserta, o mar. A decisão e o ato marcam uma virada subjetiva, em que algo nela se desencadeia, o encorajamento de enfrentar a vida, não sua própria vida, mas a vida.

> Escura, machucada, cega — como achar nesse corpo-a-corpo um diamante diminuto mas que fosse feérico, tão feérico como imaginava que deveriam ser os prazeres. Mesmo que não os achasse agora, ela sabia, sua exigência se havia tornado infatigável.[9]

---

[8] *Idem*, p. 16.
[9] *Idem*, p. 48.

O mar e seus mistérios, infinitamente explorado e temido, representava para ela o encontro com o estranho em si. A possibilidade de enfim incluir a alteridade no encontro com o outro, já que a vivenciara em si mesma. A "entrega de dois mundos incognoscíveis feita com a confiança com que se entregariam duas compreensões"[10]. Lóri então se autoriza a viver sem que a dor latejasse como antes, no encontro com uma simplicidade surpreendente, como «um trigo maduro»[11]. Pôde, enfim, se entregar a Ulisses num ato tão decidido como sem garantias.

"Eu sou tua e tu és meu, e nós é um", Lóri conclui[12]. Mas logo passam a tratar dos desencontros que a relação provoca, de como podem manejá-los. Não há Um no amor. É preciso dois, cada um em sua solidão. Lacan, ao tratar do amor no seminário 20, afirma, logo na primeira aula:

> Do que é que se trata então no amor? O amor, será que — como promove a psicanálise com uma audácia tanto mais incrível quanto isto mais vai contra toda a sua experiência, e quanto mais ela demonstra o contrário — o amor, será que é fazer um só? Eros, será ele tensão para o Um?"[13]

Clarice inicia o livro com uma vírgula, indicando talvez uma anterioridade ao encontro dos personagens, e o finaliza com dois pontos: o "felizes para sempre" não existe. O encontro é sempre falho: não há coincidência entre o que o amado possui e o que falta ao amante. "O que se ama é o objeto, associado à

---

[10] *Idem, ibidem.*
[11] *Idem,* p. 91.
[12] *Idem,* p. 96.
[13] LACAN, Jacques. (1972-1973) *Seminário 20, Encore.* Rio de Janeiro: Escola Letra Freudiana, 2010, p. 16.

função daquilo que é amado; o ser do objeto, e não um sujeito. O *nós é um* não se sustenta pois o amor é impotente, ainda que seja recíproco, porque ele ignora que é apenas o desejo de ser Um [...]"[14].

Lóri, em sua versão fálica, histérica, se furta ao impossível da relação sexual. A histérica busca ser amada, visa o ser, e se desvia da posição de objeto para um homem. Ela recusa ofertar o próprio corpo na relação sexual. A frigidez histérica e o não entregar o corpo são estratégias para salvar o Um. Agarrar-se ao gozo fálico para uma mulher, por vezes, é a tentativa de não deixar de ser, para não sucumbir ao sem limite do gozo feminino. "A mulher é não-toda, o sexo da mulher não lhe diz nada, a não ser por intermédio do gozo do corpo", nos diz Lacan[15]. O que é suposto para além de um prazer com o próprio corpo, senão o *gozo do idiota*, como salienta Lacan?[16]. O gozo fálico é aquele de que goza o homem, e por isso não pode chegar a gozar do corpo da mulher, pois "o de que goza é do gozo do órgão"[17]. Lóri demonstra que uma mulher também tem acesso ao gozo fálico, impossibilitada que se fazia em oferecer sua castração: "Não nos temos entregues a nós mesmos, pois isso seria o começo de uma vida larga e nós a tememos"[18]. Desejar, entregar a sua castração é ir além da tentativa de fazer Um. "Pois o que é dito gozo sexual é dominado, é marcado pela impossibilidade de estabelecer como tal, em nenhum lugar do enunciável, esse único Um que nos interessa, o Um da relação: relação

---

[14] *Idem*, p. 14.
[15] *Idem*, p. 18.
[16] *Idem*, p. 17.
[17] *Idem*, p. 19.
[18] LISPECTOR, Clarice. (1969) *Uma aprendizagem ou o livro dos prazeres*. Rio de Janeiro: Rocco, 1998, p. 29.

sexual"[19]. Lóri conclui: "era preciso não entender, entender era sempre limitado. Mas não entender não tinha fronteiras e levava ao infinito. Era uma benção estranha como a de ter loucura e não ser doida"[20].

"O coração tem que se apresentar diante do Nada sozinho e sozinho bater em silêncio de uma taquicardia nas trevas"[21]. Clarice parece espelhar o aforismo lacaniano "não há relação sexual". Ao articular amor e castração, Lacan aponta que, para além da articulação simbólico-imaginária, ao amor também concerne a dimensão do Real, logo a complementariedade entre os sexos não é possível. Ao tentar tamponar a falta, o amor também situa a sua existência. Ao afirmar que o amor faz suplência à inexistência da relação sexual[22], Lacan assinala que, uma vez que o amor remete à incompletude — já que só ama quem se depara com a castração — é na esfera do ininteligível, da não suficiência, que é possível se deparar com a dimensão não-toda, que desvela a impotência de velar o furo que faz algo do real não cessar de se escrever.

Seja do Um da dimensão fálica que lhe coloca em guerra com o outro, seja do Um da solidão que se nega ao laço amoroso, seja do Um da con/fusão que faz do amor uma devastação, Lóri atesta o confronto com a castração necessário para atravessar a enrascada, a impossibilidade do real que põe à prova o amor. É o que Lacan atesta ao chamar de coragem o

---

[19] LACAN, Jacques. (1972-1973) *Seminário 20, Encore*. Rio de Janeiro: Escola Letra Freudiana, 2010, p. 18.

[20] LISPECTOR, Clarice. (1969) *Uma aprendizagem ou o livro dos prazeres*. Rio de Janeiro: Rocco, 1998, p. 37.

[21] *Idem*, p. 23.

[22] LACAN, Jacques. (1972-1973) *Seminário 20, Encore*. Rio de Janeiro: Escola Letra Freudiana, 2010, p. 116.

> [...] reconhecimento da relação dita sexual, que se tornou aí relação de sujeito a sujeito, na medida em que ele não é senão o efeito do saber inconsciente, reconhecimento da maneira pela qual essa relação de sujeito a sujeito cessa de não se escrever.[23]

Se Lacan usa a escultura de Bernini que retrata o êxtase de Santa Teresa para ilustrar o gozo feminino, Clarice também recorre à arte para descrever o gozo Outro de Lóri: "Ela se sentiu perdendo todo o peso do corpo como uma figura de Chagall"[24]. O pintor simbolista retrata em muitas de suas obras seu amor por Bella, sua primeira mulher. O quadro *O Passeio*, de 1917, mostra Bella levitando, agarrada à mão de Chagall, preso à terra. Lacan, no seminário *Encore*, retoma o amor a partir de um poema de Rimbaud. Ele toma o poeta para marcar a distância da linguística à *linguisteria*: "o amor é o signo de que se muda de discurso"[25]. E o amor, no discurso analítico, não é signo do gozo do Outro, posto que é na confrontação de sua inconsistência que se pode enfim aceder a um novo amor.

## A UMA RAZÃO

Uma batida de teu dedo no tambor libera todos os sons e começa a nova harmonia
Um passo teu é o alistamento dos novos homens, todos em marcha
Tua cabeça se vira: o novo amor! Tua cabeça se volta: o novo amor!

---

[23] LACAN, Jacques. (1972-1973) *Seminário 20, Encore*. Rio de Janeiro: Escola Letra Freudiana, 2010, p. 274.

[24] LISPECTOR, Clarice. (1969) *Uma aprendizagem ou o livro dos prazeres*. Rio de Janeiro: Rocco, 1998, p. 137.

[25] LACAN, Jacques. (1972-1973) *Seminário 20, Encore*. Rio de Janeiro: Escola Letra Freudiana, 2010, p. 10.

"Muda nossos sinais, avalia os flagelos, a começar pelo
tempo", te cantam essas crianças
"Eleva não importa onde a substância de nossos destinos e de
nossos votos", nós te pedimos
Tu que sempre chegas e que te vais por toda parte

# O feminino e a moda: (entre) mascarada, gozo e semblante

RENATA SANTIAGO[1]

> de tempo e traça meu vestido me guarda.
> É nele que fica meu cheiro, meu sonho, meu corpo ido
>
> Adélia Prado

Do gozo feminino, o que se pode dizer? A mulher é não-toda inscrita na ordem fálica, o que pressupõe uma divisão: parte está inscrita na função fálica enquanto outra está fora do simbólico, o que é da ordem do impossível de dizer. O gozo feminino está em concordância com a Coisa: marcado pela falta de

[1] Renata Santiago é psicanalista, artista e *designer* de moda. Participante das atividades do FCL-Fortaleza. Professora do Curso de Design de Moda na UNIFOR. Graduada em Design de Moda pela Universidade Federal do Ceará (UFC) e Mestre em Artes Visuais (IFCE).

significante, território onde sempre se escapa algo para além do simbólico. Gozo Outro, lugar de alteridade pura. O lado não todo fálico da posição feminina é situado num lugar onde a mulher é outra para si mesma.

Levando em conta estas questões iniciais, irão ser articulados os conceitos de gozo feminino (gozo Outro), a lógica do não-todo e a noção de mascarada com alguns aspectos postos em cena na atualidade, como a hipervalorização da aparência pela moda, campo privilegiado para os jogos de semblante. Fazer semblante, revestir-se, estar "na moda", seria então uma maneira de dizer?

O gozo suplementar se encontra disfarçado pela mascarada feminina e faz da mulher o Outro sexo para os dois sexos. Dotadas da possibilidade deste gozo suplementar, as mulheres excedem o limite do todo significante. Para Lacan[2], é o gozo que a feminilidade furta, "a questão, com ele, é a da relação sexual, ou melhor, da não-relação entre os dois gozos"[3]. Se não há significante que nomeie o feminino, este surge pelo viés de um semblante, respondendo a uma modalidade de gozo diversa da fálica. Nas últimas lições do Seminário 20, Lacan nos diz que "só se elabora o gozo a partir de um semblante". E mais ainda, o semblante resulta do simbólico. O semblante está situado no campo das "aparências" (*um sinal de, mesmo não sabendo de quê*), cujo objetivo é o de velar o vazio, vazio presentificado no real do corpo. Portanto, por ser não-toda castrada, a mulher tem mais plasticidade com o semblante, em sê-lo. Segundo Maria

---

[2] LACAN, Jacques. (1972-1973) *Seminário 20: Encore*. Rio de Janeiro: Escola da Letra Freudiana, 2010, edição não comercial.

[3] SOLER, Colette. *O que Lacan dizia das mulheres*. Rio de Janeiro: Zahar, 2005, p. 37.

Anita Ribeiro, o conceito lacaniano de semblante é operativo, esclarecendo o aspecto de sombra do falo, pois ele, qual sombra interposta entre o sujeito e seu gozo, reúne simbólico e imaginário, e os opõe ao real[4]. Para Elizabeth da Rocha Miranda, "o semblante, a mascarada feminina (como a moda, por exemplo), pode ser utilizada como uma proteção contra a castração"[5]. Fazer semblante é da ordem do fazer estilo?

No texto "A significação do falo", de 1958, Lacan nos aponta que o falo é o significante que marca a falta e, justo por isso, só pode exercer seu papel enquanto velado: ele é o semblante por excelência. Assim sendo, utilizou o termo mascarada para circunscrever a relação da mulher com o falo, fazendo referência ao texto "A feminilidade como máscara", de Joan Rivière, de 1929. Para a psicanalista, não há diferenciação entre a *feminilidade verdadeira* e a mascarada, "de fato, não sustento que tal diferença exista. Que a feminilidade seja fundamental ou superficial, ela é sempre a mesma coisa"[6]. Fazer semblante de mulher, revestir-se de suas aparências, seria então uma maneira tortuosa de poder dizer da masculinidade inerente a elas, recobrir a angústia e evitar a vingança que temem da parte do homem.

Neste processo, a mascarada feminina pode tomar duas faces, "despertar o desejo exibindo a falta ou despertar o desejo encarnando o significante da falta"[7]. Ou seja, diante da aspiração a uma certa masculinidade, há a possibilidade de se trajar

---

[4] *Cf.* RIBEIRO, Maria Anita Carneiro. *Um certo tipo de mulher*. Rio de Janeiro: 7Letras, 2011.

[5] MIRANDA, Elizabeth R. *Desarrazoadas: devastação e êxtase.* Rio de Janeiro: Contracapa, 2017, p. 77.

[6] RIVIERE, Joan. "Womanliness as a masquerade". *The International Journal of Psychoanalysis*, v.10, p. 303-313, 1929, p. 202, tradução livre.

[7] RIBEIRO, Maria Anita Carneiro. *Um certo tipo de mulher*. Rio de Janeiro: 7Letras, 2011, p. 135.

da máscara da feminilidade perfeita. Na mascarada, trata-se de parecer o falo para encarná-lo, para mostrar o que não tem, realizando uma espécie de encenação imaginária do não-todo. Se a posição da mulher é compatível com vestir a máscara do significante do desejo do Outro, a pergunta que se faz é: tal máscara pode ser agenciada pelo discurso da moda (por meio do objeto-roupa) sustentando o desejo feminino por um véu que dê conta de algumas de suas questões?

Segundo Elizabeth da Rocha Miranda, "o lugar ocupado pelo falo no desejo feminino é o lugar do inapreensível, do desejo enquanto falta [...] para desejar, é preciso que haja aceitação da falta"[8]. Já para Brunetto, "o falo é a máscara por excelência. Uma máscara que se conjuga com o advento do desejo"[9].

> O falo como significante, todavia, não apenas marca, mas também recobre a falta. Assim, o corpo da mulher marcado pela falta é erigido pelos adornos ostentados por ela: sua voz, seu perfume, suas joias, suas roupas, sua graça etc. Os adornos de que as mulheres se valem são maneiras de, perversamente, denegar a falta, elevando o corpo feminino a símbolo do desejo e constituindo, assim, o mito da Mulher que não existe.[10]

Frente à falta simbólica, assumir a posição de mulher completa, muito poderosa e bem-vestida de si por meio de adornos e peças de roupa que representem o falo também pode ser uma maneira de tentar tecer o que seria o feminino. Tessitura

---

[8] *Idem*, p. 79-80.

[9] *Cf.* BRUNETTO, Andréa. *O diabo e suas máscaras: a tríade infernal do desejo*. São Paulo: Aller Editora, 2023.

[10] RIBEIRO, Maria Anita Carneiro. *Um certo tipo de mulher*. Rio de Janeiro: 7Letras, 2011, p. 84.

sempre em fazimento já que a busca pelo falo não abarca completamente "esse continente" que Lacan retira da posição de enigma e coloca na posição de criação.

Entre queixas, demandas e desejos de imagem, algo se repete na costura do feminino pela moda: a vontade de chegar a uma definição que apazigue a falta de não saber "o que de fato se é". A roupa recobre os furos do corpo e, como imagem diante do outro, contorna as bordas de um corpo pulsional, agindo como um envelope que se transveste de unicidade, fazendo emergir uma mulher ao dar corpo ao seu desejo. Segundo Anita Izcovich, o que não pode ser dito sobre as mulheres é assim convertido, pelo discurso da Moda, numa imagem totalizante e universal, de maneira que usar uma vestimenta é dar corpo à inexistência da relação sexual[11]. O discurso da moda ordena que se brinque de clássica, elegante, criativa, dramática ou extravagante, dá dimensão ao semblante que nomeia. Converte o tédio e o inútil num objeto elevado à dignidade da coisa, numa ordenação do desejo, ao fixar o gozo, na dialética do desejo e da lei. Para Carmen Gallano o que cativa as mulheres é o seu próprio querer cativar, "isso as torna cativas, prisioneiras do que são as vestes do corpo, a imagem que esconde o real do corpo"[12].

O vestir é um modo de estar no mundo. Assim, o que ainda se poderia dizer de singular nos esconderijos de um tempo marcado pela imposição da estetização e, na expressão de Lipovetsky, pelos imperativos estratégicos do *capitalismo artista* personalizado nas marcas de moda?[13] Para Lucia Santaella, "nesse seu

---

[11] *Cf.* IZCOVICH, Anita. *La Femme, la lettre et l'image*. Paris: Stilus, 2016.

[12] GALLANO, Carmen. *A alteridade feminina*. Trad. Keila Silveira, Luciana Abreu Lima. Campo Grande, MS: Andréa Carla Dreuner Brunetto ed., 2011, p. 27.

[13] *Cf.* LIPOVETSKY. G. & SERROY, J. *A estetização do mundo: viver na era do capitalismo artista*. São Paulo: Companhia das Letras, 2015.

caráter estético, a moda é, sobretudo, sedução dos sentidos e captura do desejo pela sua capacidade de fisgar não apenas a percepção alerta, mas, sobretudo, o inconsciente visual"[14]. Já para Renata Pitombo Cidreira há uma potência dos tecidos, da roupa e da moda para expressar plasticamente certas maneiras de ser, modos de viver e formas de nos relacionarmos com o mundo[15]. Assim, a moda pode ser pensada como um ato de presença ou como uma espécie arquitetura têxtil que tanto marca o papel do sujeito na sociedade quanto materializa sua subjetividade através das escolhas de formas, linhas, cores, texturas. Ela evidencia na vida cotidiana o quanto a máscara da feminilidade pode assumir as mais variadas formas.

Chegamos nas considerações finais com uma das passagens mais emblemáticas de Lacan em *Encore*: "A mulher não existe". Ou seja, não se pode dizer esse gozo. Mais ainda: todas as mulheres são exceção: "é para ser o falo, ou seja, o significante do desejo do Outro, que a mulher vai rejeitar uma parte essencial da feminilidade, concretamente todos os seus atributos na mascarada"[16]. Se valoriza sua identidade e seu nome — gozo fálico —, perde o que lhe é próprio: o que aponta o vazio, o Outro gozo. O lugar da mulher permanece vazio, mas há "a possibilidade" de se utilizar máscaras, na condição de semblante, que recobrem estes vazios.

Uma máscara é um revestimento, diz Lacan. E também vestimenta, vestido, um muro, "sem a máscara, a vestimenta, o

---

[14] SANTAELLA, Lucia. *A moda é sintoma da cultura?* São Paulo: Edição das Letras e Cores, 2023, p. 56.

[15] *Cf.* CIDREIRA, Renata Pitombo. *Moda e crítica: prazer, julgamento e avaliação.* Salvador: EDUFBA, 2022.

[16] LACAN, Jacques. (1972-1973) *Seminário 20: Encore*. Rio de Janeiro: Escola da Letra Freudiana, 2010, edição não comercial, p. 122.

muro, a armadura, é o gozar de um corpo. E isso não deixa claro o que é o amor"[17]. Assim sendo, uma mulher, como ser falante, está cindida da feminilidade que encarna, sendo o véu que recobre o horror do vazio situado em seu mais além. A mascarada faz semblante do ser e o semblante resulta do esforço do simbólico em apreender o real. Atrás de uma máscara/tendência/novidade, outra máscara e mais outra máscara se impõem no vetor infinito do feminino, inalcançável por qualquer semblante, pois não dá para "ser" mulher sem máscaras. A mascarada feminina não se reduz a um sintoma, ela é inevitável para uma mulher como argumenta Ribeiro ao longo de seu estudo[18]. Cada uma conjuga, e modifica permanentemente, uma forma particular de alfabeto.

Frente à falta simbólica, assumir a posição de mulher completa, muito poderosa e bem-vestida de si pode ser uma maneira de dizer. Em função da falta fálica, a moda como mascarada atua como um "parecer ser", uma maneira de "ser o falo", fazendo semblante de ser. Ou seja, a máscara propicia pensar que, por trás dela, existe algo onde justamente não há nada. Não há nenhum Outro que possa saber a singularidade do ser feminino. E mais: "a essência feminina não é simplesmente um real de corpo ou de gozo corporal, a essência feminina é um real que tem a ver com uma exigência lógica da palavra"[19]. Feiticeira ou santa, sensual ou elegante, poder gozar de um gozo indizível

[17] BRUNETTO, Andréa. *O diabo e suas máscaras: a tríade infernal do desejo*. São Paulo: Aller Editora, 2023, p. 157.

[18] RIBEIRO, Maria Anita Carneiro. *Um certo tipo de mulher*. Rio de Janeiro: 7Letras, 2011.

[19] BRUNETTO, Andréa. *O diabo e suas máscaras: a tríade infernal do desejo*. São Paulo: Aller Editora, 2023, p. 159.

para ser sujeito da linguagem, do inconsciente, do desejo, significa que toda mulher pode dizer do *"ponto mais elevado do que está embaixo"*... mascarada.

A moda é um convite permanente à típica mascarada pelo viés da hipervalorização e transformação pela imagem, tornando os corpos cada vez mais submissos ao semblante. Por ora, sabemos que um vestido se presta muito bem a ser uma máscara, como aponta o verso de Adélia Prado que abriu o texto: "de tempo e traça meu vestido me guarda. É nele que fica meu cheiro, meu sonho, meu corpo ido"[20].

A máscara, a vestimenta, a armadura, o muro, o amor, tapeações necessárias em uma maneira de dizer. A análise feminiza, pois se orienta para além da ordem fálica, produzindo um "resto" para além do simbólico ou do imaginário. Por fim, as tramas do seminário 20 nos apontam que Lacan acentua menos a castração do que a divisão que o primado do falo impõe a um sujeito. É função do analista pôr o *objeto a* no lugar do semblante e fazer interrogar como saber o que se refere à verdade. Diante disso, o importante é saber que seguir rumo ao lado do não-todo é uma condição para alguém ser analista e poder conduzir análises. É o lado do não-todo que vai sustentar a psicanálise nos dias de hoje, pois é ele que proíbe qualquer pregação universal, escancarando os limites do dizer. Ou seja, é algo que se experimenta e do qual não se sabe. E nem se faz coleção. É esse furo que vai fazer a psicanálise avançar.

---

[20] PRADO, Adélia. *Bagagem*. Rio de Janeiro: Record, 2019.

# ...o que se escreve

TERCEIRA PARTE

# O que se escreve nas entrelinhas

ELYNES BARROS LIMA[1]

Pela função AE

Desde que li o tema de nossa Jornada, fiquei me perguntando: Qual a diferença entre a escrita alfabética e a escrita em psicanálise? Em que elas se diferenciam e em que elas se aproximam?

Essa questão sobre a relação entre a escrita alfabética e a escrita em psicanálise já se apresenta desde Freud. Retomei alguns textos dele que abordam essa questão, que tratam da relação entre os processos inconscientes e a escrita. O primeiro deles foi *A interpretação dos sonhos*.

Freud descreve o processo de formação dos sonhos através do mecanismo de condensação. Ele descreve esse processo assim: uma cadeia de pensamentos que surge no pré-consciente, que não possui catexia ou investimento no próprio pré-consciente,

[1]Psicanalista, psicóloga. AE (2022-2025) pela Escola de Psicanálise dos Fóruns do Campo Lacaniano, membro da EPFCL-BRASIL e membro do Fórum Fortaleza.

recebe uma catexia de um desejo inconsciente e avança, atraída pelas lembranças visuais do inconsciente. Freud sublinha que essas imagens investidas seriam restos escritos na memória a partir de experiências vividas anteriormente. Contudo, os sonhos não são reproduções de experiências "Os sonhos não oferecem mais que fragmentos de reproduções"[2].

Partindo da análise dos sonhos, Freud propôs então que o inconsciente é um sistema composto de representações que se associam através dos mecanismos de condensação e deslocamento provocando uma deformação do material, isto é, do desejo — já que para ele os sonhos são realização de desejo —, que se expressaria como um enigma.

Ele esclarece que o processo de condensação na formação dos sonhos é ocasionado por omissão: "o sonho não é uma tradução fiel ou uma projeção ponto-por-ponto dos pensamentos oníricos, mas uma versão altamente incompleta e fragmentária dos mesmos"[3]. Porém, de acordo com Freud, essa tradução não pode ser literal, isto é, ler os signos pela sua imagem, pois o sonho é um enigma figurado, um rébus, isto é, as palavras ou frases são expressas por meio de figuras ou sinais, cujos nomes podem guardar uma semelhança fonética.

Com o intuito de esclarecer como se dá essa passagem de algo inconsciente para o consciente, Freud faz uma distinção entre representação de coisa e representação de palavra. No inconsciente, segundo ele, há representação de coisas sem as representações de palavras correspondentes. Quando o recalque incide sobre as representações inconscientes ele recusa a representação

[2] FREUD, Sigmund. (1900) "A interpretação dos sonhos". In: *Edição Standard Brasileira das Obras psicológicas completas de Sigmund Freud, v. IV.* Rio de Janeiro: Imago Editora, 1972, p. 21

[3] *Idem*, p. 299

em palavras. Freud diz: "É verdade, em geral, que as palavras amiúde são tratadas nos sonhos como se fossem coisas, e por esta razão são capazes de se combinarem justamente da mesma forma que o são as apresentações de coisas concretas"[4].

Freud salienta ainda que "Os truques linguísticos executados por crianças, que, às vezes, na realidade tratam as palavras como se fossem objetos (ou coisas), além disso inventam novas linguagens e formas sintáticas artificiais, constituem a fonte comum dessas coisas igualmente em sonhos e nas psiconeuroses"[5]... e na psicopatologia da vida cotidiana.

Um outro texto de Freud que aborda essa relação da memória, isto é, do que foi escrito, com o aparelho psíquico é "Uma nota sobre o 'Bloco Mágico'". Freud diz que quando não confia em sua memória, ele toma notas por escrito. Ele diz que as anotações feitas na sua caderneta funcionam como seu aparelho mnêmico e para resgatá-las integralmente basta que ele se lembre onde as colocou.

A folha de papel ou sua caderneta se constituirá num "traço de memória permanente"[6]. Porém Freud salienta que esse procedimento tem sua desvantagem e sua vantagem; a desvantagem é que a capacidade receptiva de sua superfície é limitada e a vantagem é que a qualquer momento posso me livrar dessas notas se não mais me interessar.

O registro numa lousa, por exemplo, tem uma capacidade de tempo limitada; se não me interesso mais pelas anotações feitas, nos diz Freud, posso me desfazer delas sem jogar fora a

[4] *Idem*, p. 315.

[5] *Idem*, p. 323.

[6] FREUD, Sigmund. (1925) "Uma nota sobre o 'Bloco Mágico'". In: *Edição Standard Brasileira das Obras psicológicas completas de Sigmund Freud, v. IV*. Rio de Janeiro: Imago Editora, 1972, p. 285.

superfície em que foram escritas, porém não posso reter o traço permanente. Freud diz que nosso aparelho mental realiza exatamente aquilo que esses aparelhos auxiliares (o papel, a lousa) não podem fazer; "possui uma capacidade receptiva ilimitada para novas percepções e, não obstante, registra delas traços mnêmicos permanentes, embora não inalteráveis"[7].

O Bloco Mágico, por sua vez, constitui-se não somente numa superfície receptiva, utilizável repetidas vezes como a lousa, mas também em algo que registra traços permanentes do que foi escrito igual como no papel, "ele soluciona o problema de combinar as duas funções (registro e memória) dividindo-as entre duas partes ou sistemas componentes separados mas interrelacionados"[8]. Freud diz que é dessa mesma forma que nosso aparelho mental desempenha sua função perceptual

Vejam que ao buscar uma forma de explicar a dinâmica dos processos inconscientes e o funcionamento do aparelho psíquico, Freud acabou se utilizando da escrita e dos mecanismos de linguagem.

Mesmo não sendo a mesma coisa — escrita alfabética e escrita psíquica — a psicanálise se serve da escrita alfabética para representar o funcionamento do aparelho psíquico. E, por outro lado, entendo que a própria escrita alfabética se organiza para o sujeito a partir do que foi inscrito.

Isso se apresentou no meu percurso a partir da inscrição da experiência traumática *après-coup*. Foi na medida em que o trauma foi experimentado e recalcado que algo da pulsão foi inscrito no psiquismo. O efeito disso para mim foi uma inibição no saber; como eu achava que já sabia demais, não poderia

---

[7] *Idem*, p. 286

[8] *Idem, ibidem.*

deixar transparecer isso para o Outro: aos 7 anos, eu não podia saber tanto! Como consequência desse processo, eu só aprendi a ler aos 8 anos.

No seminário 16, *De um Outro ao outro,* Lacan comenta que os mecanismos do inconsciente se definem por uma estrutura lógica mínima sob os termos *diferença* e *repetição.* Essa estrutura lógica é o que fundamenta o significante, que se caracteriza tanto pela diferença absoluta, como por sua articulação repetitiva; daí decorrem as funções de deslocamento e substituição. Lacan diz que "É através do sonho que se faz, de início, essencialmente, a abordagem da função do significante e dessa estrutura lógica mínima"[9].

Pensar o sonho a partir da lógica significante tem consequências. A mais expressiva é que, no sonho, "aquilo de que se trata são de frases"[10]. Outra consequência é que o sonho já é em si, uma interpretação; selvagem, comenta Lacan, mas interpretação. Isso decorre justamente do fato de Freud tomar o sonho como um rébus. Lacan lança então uma questão: "Que fazemos, então, ao substituir essa interpretação selvagem por nossa interpretação ponderada?"[11]. Ele responde dizendo que nossa interpretação ponderada não é nada além do que uma frase reconstruída; essa frase reconstruída não é elaborada com o intuito de dar sentido, mas de apontar a falha, o que claudica. Sendo assim, segundo Lacan, o que nos interessa na interpretação dos sonhos, o que deve nos orientar, não é "o que quer dizer isso?", mas "o que é que, ao dizer, isso quer?"[12].

---

[9] LACAN, Jacques. (1968-1969) *O Seminário, livro 16: De um Outro ao outro.* Trad. Vera Ribeiro. Rio de Janeiro: Zahar, 2008, p. 192.

[10] *Idem, ibidem.*

[11] *Idem,* p. 193.

[12] *Idem,* p. 194.

O que Freud introduziu, segundo Lacan, foi que eu não posso dizer: "sei o que eu digo", pois a descoberta do inconsciente não só provocou esse deslocamento como demonstrou que o material que o constitui é fundamentalmente material de linguagem. Foi a partir dessa constatação que Lacan formulou sua tese: "o inconsciente se estrutura como uma linguagem"[13].

"Mas, qual linguagem?", se pergunta Lacan. Pois, como ele mesmo afirma, para linguística, ele tá pouco se lixando. E acrescenta: "O que me interessa diretamente é a linguagem, porque penso que é com ela que lido quando tenho que fazer uma psicanálise"[14]. Lacan vai destacar que "todo uso da linguagem [...] se desloca na metáfora"[15]. Porém "é próprio da metáfora não ficar inteiramente sozinha. Há também a metonímia" que, segundo ele, os linguistas dizem que é também metáfora. Para Lacan, a metonímia é o suporte do mais-de-gozar; é pelo fato desse objeto deslizar que nos prendemos ao que é dito.

Mas qual a diferença entre o escrito e a fala? Para explicar essa diferença, Lacan parte da escrita do discurso do analista:

O Discurso do Analista (DA)

$$\frac{a}{S2} \longrightarrow \frac{\$}{S1}$$

De um lado, temos o pequeno *a* sobre $S_2$ e, do outro, o que acontece no nível do analisando, temos o sujeito barrado e o

[13] LACAN, Jacques. (1971) *O Seminário, livro 18: De um discurso que não fosse semblante*. Rio de Janeiro: Zahar, 2009, p. 42.

[14] *Idem*, p. 43.

[15] *Idem, ibidem.*

produto que são os significantes; não significantes quaisquer, mas significantes mestres. Isso foi escrito.

Ele diz que é pelo fato de ter sido escrito dessa maneira, fazendo uso desses matemas, dessas letrinhas, que isso não se entende de cara, e é justamente nesse ponto que o escrito se diferencia da fala, porque é necessário a fala para enriquecer o que foi escrito para que ele seja entendido. Lacan completa: "É a partir da fala que se abre caminho para o escrito"[16].

Numa psicanálise, pede-se ao paciente que fale livremente; esse é o princípio da associação livre, porém Lacan diz que a associação não é tão livre assim porque "A função definida pelo discurso analítico não é livre, mas ligada", ligada por uma série de condições que Lacan chamou de "condições do consultório analítico"[17]. Não vou me deter nisso, mas elas dizem respeito às entrevistas preliminares e à instalação do sujeito suposto saber; essas condições orientariam "A direção do tratamento e os princípios do seu poder".

Bom, volto à questão do escrito, Lacan diz que "o escrito não é primeiro, e sim segundo, em toda função da linguagem"[18] e, no entanto, o escrito é fundamental para se questionar o que resulta do efeito de linguagem. Esse efeito de linguagem, Lacan chamou de diz-mansão, isto é, o lugar do Outro da verdade. Só se pode questionar o lugar da verdade, a sua morada, através do escrito, na medida em que o escrito constitui a lógica.

Talvez seja aqui que possamos entender o interesse de Lacan pela escrita chinesa... porque "só existe questão lógica a partir do escrito, na medida em que o escrito, justamente, não

---

[16] *Idem*, p. 57.
[17] *Idem*, p. 58.
[18] *Idem*, p. 59.

é a linguagem"[19]. Na escrita chinesa, que é uma escrita ideográfica ou pictórica, nos deparamos de uma forma radical com a separação entre a grafia, sentido e som, e, como cada ideograma forma uma unidade autônoma e invariável, sua ação significante se diluiria na cadeia, segundo François Cheng[20].

Assisti, há alguns anos, uma palestra de Bernard Nominé em São Paulo sobre a escrita do caso clínico. Ele disse que, em matemática, se você quiser resolver um problema, você tem que transformar as palavras em pequenas letras — e equações — e, depois, as pequenas letras vão trabalhar sozinhas... elas sabem muito bem o que fazer. A partir desse ciframento lógico, a gente não faz literatura, ele diz, a gente resolve problemas. Precisamos formar psicanalistas para cifrar a sua clínica com essas pequenas letras, conclui Nominé. Nominé concluiu isso a partir de Lacan, que nos diz que "só existe questão lógica a partir do escrito, na medida em que o escrito, justamente não é linguagem", porém "só se constrói, só se fabrica por sua referência à linguagem"[21].

Sobre essa questão da escrita, gostaria de salientar um ponto importante ainda nesse seminário do Lacan — *De um discurso que não fosse do semblante* —, ponto que corrobora Freud e o modelo que ele propõe do aparelho psíquico e da estrutura dos sonhos: a escrita não é simples inscrição, nem aparência que se extrai a partir do audiovisual. A escrita — e aqui vai uma citação poética do Lacan —,

> nunca passa de algo que se articula como ossos cuja carne seria a linguagem. [...] Mas a escrita em si, não a linguagem, a escrita

[19] *Idem,* p. 60.

[20] CHENG, F. *L'écriture poétique chinoise. Suive de: une anthologie des poèmes des tang*. Paris: Éditions du Seuil, 1977.

[21] *Idem, ibidem.*

> provê de ossos todos os gozos que, por meio do discurso, mostram abrir-se ao ser falante. Ao lhe dar ossos, ela [a escrita] sublinha o que decerto era acessível, porém estava mascarado, ou seja, que a relação sexual falta no campo da verdade posto que o discurso que a instaura provém apenas do semblante.[22]

Na série de palestras em Sainte-Anne, *O saber do psicanalista*, Lacan retoma sua fórmula "o inconsciente é estruturado como uma linguagem" para nos dizer que isso provém de *lalangue* — que o inconsciente é o berço onde repousa esse saber de *lalangue*[23]. Ele vai retomar essa mesma tese no seminário 20, *Encore*.

Neste seminário, Lacan explicita o que isso quer dizer — o inconsciente como berço de saber de *lalangue* — e qual a relação disso com o saber adquirido numa análise. Se até aqui Lacan insistia no que não há — "não há relação sexual" — ele introduz aqui o que há de novo: "*Il y de l'Un*" — "Há do um" — que é concomitante com a apresentação do nó borromeano e do real como estrutura que ex-siste. A partir dessa virada, ele retoma alguns conceitos expostos anteriormente, como o de inconsciente, ser, gozo, objeto *a*, escrita, amor, dando-lhes uma nova perspectiva.

Ele começa o seminário 20 fazendo uma distinção entre o que está propondo em termos de linguagem e o que Jakobson propôs. Inclusive ele forja uma outra palavra para falar do que resulta, para ele, dessa nova abordagem da linguagem e, consequentemente, da noção de sujeito e de inconsciente: linguisteria. Este termo, linguisteria, guarda uma certa relação com a

[22] *Idem*, p. 139.

[23] LACAN, Jacques. (1972-1973) *Seminário 20: Encore*. Escola Letra Freudiana: 2010, edição não comercial, aula de 26 de junho de 1973.

linguística pois, segundo Lacan, há ditos que são comuns tanto ao campo da linguística quanto ao da psicanálise; porém, dizer que "o inconsciente é estruturado como uma linguagem" ressalta esse dizer e faz com que ele não se restrinja ao campo da linguística; ele destaca a frase que está em "O aturdito": "o dizer é justamente o que fica esquecido por trás do que é dito no que se ouve."[24]

Essa nova abordagem da linguagem, chamada de linguisteria por Lacan, tem consequências sobre a forma como ele vai se servir da função do significante. A tese de Lacan pode ser resumida nessa frase: o significante é a causa do gozo. Para justificar essa proposição, Lacan parte da gramática; ele cita o exemplo: "Pedro bate em Paulo" para dizer que, se eu mudo a ordem da frase, o sentido muda. O que antes era sujeito passa a ser objeto, mudando também o sentido do gozo. Desta forma, Lacan conclui que o verbo é um significante "*passibête*", "não--tão-tolo"[25], pois o que ele faz é remeter o sujeito a sua própria divisão de gozo.

Lacan diz: "a linguagem é o esforço feito para dar conta de algo que não tem nada a ver com a comunicação e é o que eu chamo de alíngua (*lalangue*)", e complementa: "A linguagem, sem dúvida, é feita de alíngua, é uma elocubração de saber sobre a própria alíngua. Mas o inconsciente é um saber, um saber-fazer com a alíngua"[26].

---

[24] LACAN, Jacques. (1973) "O aturdito". In: *Outros escritos*. Trad. Vera Ribeiro. Rio de Janeiro: Jorge Zahar Editor, 2003, p. 448.

[25] Nota da editora: "nantambesta", na proposta de M.D. Magno. LACAN, Jacques. *O seminário, livro 20: Mais, ainda.* Rio de Janeiro: Jorge Zahar Editora, 1985, p. 37.

[26] LACAN, Jacques. (1972-1973) *Seminário 20: Encore*. Escola Letra Freudiana: 2010, edição não comercial, aula de 26 de junho de 1973.

Esse saber, Lacan diz, é impossível saber; ele é inter-dito, "dito entre as palavras, entre as linhas". Depois, ele se pergunta: a que espécie de Real esse saber nos permite acessar?

O saber adquirido numa análise é sacado disso que se escreve nas entrelinhas. Lacan diz que é pelo fato de insistirmos na nossa insuficiência de saber, isto é, por ainda acreditarmos que há um saber suficiente, que nos mantemos no gozo.

O que faz com que algo se escreva é a ruptura, ruptura de saber; é isso que se escreve por excelência, porque essa ruptura, diz Lacan, deixa rastros[27].

---

[27] *Idem*, aula de 12 de maio de 1973.

# O que se escreve em nome próprio em uma análise e o saber não-todo

ISABELLA COSTA MARTINS[1]

> O nome [...] é uma marca já aberta à leitura — eis por que ela será lida da mesma forma em todas as línguas — impressa sobre alguma coisa que pode ser um sujeito que vai falar, mas que não falará de modo algum obrigatoriamente.[2]

De início, é importante considerar que esse texto foi inicialmente escrito para apresentar na XXII Jornada do Fórum do Campo Lacaniano de Fortaleza, cuja temática era "O saber não-todo e o que se escreve de uma análise".

---

[1] Isabella Costa Martins, psicanalista, doutora em cuidados clínicos (UECE), membro do Fórum do Campo Lacaniano de Fortaleza.

[2] LACAN, JACQUES. (1961-1962) *O seminário: livro 9. A identificação*. Recife: Centro de Estudos Freudianos de Recife, edição não comercial, 2003.

Porque há separação, há efeitos de uma análise, há desejo. Assim, questionar sobre o que se escreve de uma análise e o desejo do analista envolve o cerne da experiência analítica e o atravessamento do sujeito diante de um percurso. Ao ocupar ocasionalmente o semblante de objeto enquanto causa de desejo e interrogar a partir do furo da verdade mentirosa com a qual o sujeito tampona sua falta, o analista possibilita a virada de uma posição de perda diante da falta ao saber à tradução da falta enquanto causa, subvertendo o gozo que o singulariza.

Para isso, há um percurso singular da entrada ao fim — um tempo. É "preciso tempo para fazer traço daquilo que falhou em se revelar de saída"[3], assim como Lacan propôs no sofisma dos três prisioneiros, indicando um percurso que passa pelo instante de ver, tempo para compreender e momento de concluir.

A análise introduz o sujeito em uma outra relação com o tempo que não será mais condicionada pela rigidez traumática que o fantasma mantém, mas pela pressa que não resulta de um pensar o tempo, mas sim de uma necessidade lógica. Nesse sentido, o corte em ato traz a escansão do que se nomeia que, diante do que vai caindo da fixação do sentido, possibilita uma outra escrita em próprio nome, com a queda das identificações. E diante do que cai, o que fica?

Nesse sentido, para capturar o inconsciente pela incidência do objeto *a* articulado com o não sabido que tem o caráter de dar a direção ao desejo, é necessário tempo. Tempo para demarcar o seu caráter lógico. Assim, se há algo a ser capturado do intraduzível, isso muda tudo na análise e na interpretação. Desse modo, o que é possível escrever do intraduzível do dizer

---

[3] IZCOVICH, Luis. *As marcas de uma psicanálise*. Trad. Elisabeth Saporiri, Inesita Machado. São Paulo: Aller Editora, 2018, p. 109.

do sujeito que, dirigido a um analista, pode trabalhar em direção ao há do Um?

Nesse contexto, esses três tempos estão diretamente ligados ao processo de formação do analista e com o que se produz primordialmente no divã, o trabalho feito com o inconsciente no decorrer da análise. Ou seja, daquilo que singulariza em nome próprio, o nome é marca, um traço próprio.

Adentrar a lógica do nome próprio colocada pelos gregos — de que é nome próprio e ao mesmo tempo comum — nos ajuda a pensar a partir da letra, proposta por Lacan em importantes giros teóricos. Um giro que se destaca é a compreensão do ser não mais como um produto do significante, mas como um efeito da letra que veicula o gozo. Segundo Lacan, o ser se transforma em um ser do gozo, como ele enfatiza no seminário 20: "O inconsciente é que o ser, falando, goze"[4]. Neste contexto, a letra lacaniana não se limita à simples escrita, mas refere-se à materialidade do significante que sustenta e configura o sujeito no campo do desejo e do gozo.

É nesse ponto de articulação do inconsciente como letra, como elemento que vincula algo da ordem do gozo, que o dispositivo analítico permite ler o que se escreve, mas que não se sabe. Circunscrever em ato o que é do gozo na fala pode dar ao sujeito a chance de sair da repetição e re(traça)r o trajeto da letra[5]. Então, a direção se dá pelo furo do saber que não se sabe, de onde se pode ler, sob a perspectiva de um inconsciente letrificado, não estruturado pela cadeia de significantes, extrai-se o que fundamenta a definição de nome próprio.

---

[4] LACAN, Jacques. (1972-1973) *O seminário, livro 20: Mais, ainda.* Trad. M.D. Magno. Rio de Janeiro: Jorge Zahar Editor, 1985, p. 143.

[5] SIGNON, Florence. "Lire à la lettre" In: NGUYEN, Albert. *La clinique lacanienne.* Paris: Éditions Stylus, 2020.

Tal perspectiva é pensada por Izcovich, pois essa mudança impõe um remanejamento relativo ao estatuto da fala e do sintoma como determinante para o lugar da escrita em psicanálise. Ela traz consequências para a escuta analítica e para a prática da escansão. Sobretudo acerca da duração da sessão, convocando o analista a considerar uma teoria da escansão que faça limite ao gozo, incluindo nessa perspectiva "a sessão curta, que visa menos a produção da fala que reorganiza o sentido que a necessidade de produzir um esvaziamento de gozo"[6].

Uma vez que a fala é gozo, na prática analítica é fundamental a circunscrição em ato das falas que afetam o gozo do sujeito. Assim, não basta o sujeito produzir uma fala nova diante do gozo singular; é necessária a sustentação do analista no ordenamento da experiência em direção ao traço do vazio necessário. Isso só é possível pela via do esvaziamento de sentido, lugar do vazio, do intraduzível[7].

Nessa perspectiva, no seminário 23, Lacan aponta o saber como um enigma presentificado pelo inconsciente articulado pelo ser falante, sendo através de pequenos pedaços de escrita que entramos na realidade, sustentada pelo real[8].

A escrita como puro significante que funda o real, fora da cadeia, desconectado do todo, um $S_1$ isolado. Assim, é na medida que ser pode ser abordado o que se toca no significante fora da cadeia que o poema pode ser escrito, pelos limites da borda do saber e da verdade. A letra participa de uma condição de gozo: tomada "ao pé da letra" revela do impossível do gozo à

[6] IZCOVICH, Luis. *As marcas de uma psicanálise.* Trad. Elisabeth Saporiri, Inesita Machado. São Paulo: Aller Editora, 2018, p. 109.

[7] *Idem, ibidem.*

[8] LACAN, Jacques. (1975-1976) *O Seminário, livro 23: O sinthoma.* Trad. Sérgio Laia. Rio de Janeiro: Zahar, p. 66.

condução do possível. O inconsciente trabalha enquanto letra, a letra como "terra litoral", como ruptura que faz furo e ao mesmo tempo organiza. A concepção de Lacan sobre a letra nos dá uma direção que a demarca, a coloca em um limite, na fronteira entre o ser e o não ser. Nesse sentido Lacan afirma que

> O litoral é aquilo que instaura um domínio inteiro como formando uma outra fronteira, se vocês quiserem, mas justamente por eles não terem absolutamente nada em comum, nem mesmo uma relação recíproca. Não é a letra propriamente o litoral? A borda do furo no saber que a psicanálise designa, justamente ao abordá-lo, não é isso que a letra desenha? [...] a reconhecer o sentido daquilo que a letra, no entanto, diz *ao pé da letra,* seria o caso de dizer, quando todas as suas interpretações se resumem ao gozo. Entre o gozo e o saber, a letra constituiria o litoral.[9]

O que marca e rompe, diante da margem de indeterminação do nome, se entrelaça num trabalho de leitura, o que implica uma tomada de posição por parte do sujeito diante do seu desejo. Pensando nisso, trago um trecho de uma fala de Lacan em Baltimore quando afirma que o inconsciente é Baltimore ao amanhecer. Ele diz:

> Quando preparava esta pequena fala para vocês, era cedo pela manhã. Podia ver Baltimore pela janela, e era um momento muito interessante porque ainda *não era dia e um sinal luminoso indicava a cada minuto a mudança do tempo;* [...] tudo que podia ver [...] era o resultado de pensamentos, [...] nos quais a função

---

[9] LACAN, Jacques. (1971) *O Seminário, livro 18: De um discurso que não fosse semblante.* Trad. Vera Ribeiro. Rio de Janeiro: Zahar, 2009, p. 109-110.

> desempenhada pelos sujeitos não era completamente óbvia. Em qualquer caso, o dito *Dasein,* como definição do sujeito, se encontrava lá preferencialmente *nesse espectador intermitente ou em desvanecimento.* A melhor imagem para resumir o inconsciente é Baltimore, ao amanhecer[10].

Nesse trecho, quero destacar alguns pontos revelados por Lacan no que se refere ao sujeito do inconsciente, o tempo e o que se escreve em uma análise. O que é capturado por Lacan entre a noite e o dia, no amanhecer, aponta para a materialização de um outro tempo — *não era dia e um sinal luminoso indicava a cada minuto a mudança do tempo;* [...] tudo que podia ver, [...] era o resultado de pensamentos [...] nos quais a função desempenhada pelos sujeitos não era completamente óbvia". Lacan é categórico ao afirmar que o real do sujeito se apreende pela aversão ao sentido, ou seja, visa o fora do sentido.

O inconsciente coloca-se assim como o real que, pela direção do tratamento, pode tocar a intermitência pulsante dos sujeitos, no que escapa às enunciações com efeitos de verdade e que fazem tremer o sentido. O ato analítico tem como efeito um giro capaz de promover a mudança e a separação para que cada um ascenda à posição de sujeito. Assim, é pelo "desvanecimento da identificação constitutiva do ser do sujeito que vai ser necessário tempo na cura para que o sujeito inscreva seu ser"[11].

Dessa forma, o que se escreve de uma análise vai na direção de um real que impõe um saber-fazer com isso que não se sabe, um efeito de uma palavra que permite reordenar as

---

[10] LACAN, Jacques.(1966) El discurso de Baltimore. .In: *Lacan oral: Hamlet, un caso clínico; El Discurso de Baltimore; Transmisión y Talmud*, 1984.

[11] IZCOVICH, Luis. *As marcas de uma psicanálise.* São Paulo: Aller Editora, 2018, p. 34.

contingências passadas dando o sentido das necessidades por vir. Então, a interpretação psicanalítica, quando transcende a dicotomia do verdadeiro e falso em relação à causa do desejo, assume outra lógica, uma causa que, na verdade, é vazia e representa o local da perda, possibilitando o sujeito perceber algo que se escreve, para ser lido de outro modo.

Signon reafirma que é preciso desatar pela palavra o que foi feito pela palavra[12], haja vista que isso se coloca pela via da interpretação de uma leitura do que é mais fundamental do desejo, a letra, o traço do que há um do um do sujeito de linguagem. Assim, Lacan afirma: o nome próprio é algo que não está dado, que requer um trabalho de interpretação para se extrair da escansão em ato — um truque no cerne do gozo do sujeito, promovendo modificações, um saber não-todo que permite reescrever a fantasia fundamental na medida em que há perda da relação direta e imediata estabelecida com o Outro, implicando o sujeito em seu desejo.

Como afirma Colette Soler, "um nome que identifique os traços de alguém como singulares, únicos, impredicáveis [...] é o que permite dizer que o nome próprio é o que ex-siste ao Outro: não é o significante do Outro, mesmo que faça muitos outros para confirmar isso"[13]. Afinal, como propõe Izcovich, "a finalidade de uma análise é passar do gozo da fala àquilo que pode ser escrito por um sujeito"[14].

Destarte, abre-se a possibilidade da novidade e da invenção de outro escrito que possibilita desfrutar da beleza da

---

[12] SIGNON, Florence. "Lire a la letrre" In: NGUYEN, Albert. *La clinique lacanienne*. Paris: Editons Stylus, 2020.

[13] SOLER, Colette. *A querela dos diagnósticos.* São Paulo: Blucher, 2018, p. 44.

[14] IZCOVICH, Luis. *As marcas de uma psicanálise.* Trad. Elisabeth Saporiri, Inesita Machado. São Paulo: Aller Editora, 2018, p. 57.

existência, após o poema já escrito — uma beleza da vida sem pressa de ansiar o futuro, mas da experiência de outro tempo no horizonte, pelo que cabe no viver. Afinal, para sair de uma análise, é fundamental que se tenha anteriormente conseguido adentrar nela. O que fica?

> Ah, Baltimore,
> Não é difícil apenas viver?
> Só para viver"
> E isso já é muito!!!

# O que se escreve de uma análise e o discurso analítico

MYLENA XIMENES[1]

Esse trabalho me ocorreu a partir dos estudos do Seminário 20, *Encore*, no Fórum do Campo Lacaniano de Fortaleza. Neste seminário, Lacan provoca algumas questões, às quais vou me ater: "Qual pode ser a função do escrito no discurso analítico?"[2] e, mais, "O que num discurso se produz pelo efeito do escrito?"[3] Não proponho aqui responder, mas talvez elencar ainda mais questões de trabalho.

Para chegar ao que se escreve numa análise foi necessário recapitular algumas das elaborações que Lacan desenvolveu

[1] Membro do Fórum do Campo Lacaniano de Fortaleza. Psicóloga pela UFC — Sobral. Especialista em Cancerologia pelo Instituto do Câncer do Ceará.

[2] LACAN, Jacques. (1972-1973) *Seminário 20: Encore.* Rio de Janeiro, Escola da Letra Freudiana, 2010, edição não comercial, p. 93.

[3] *Idem,* p. 99.

no seminário 17, *O avesso da psicanálise*, inaugurando a estrutura necessária para "um discurso sem palavras", objetivando uma subsistência destes sem a linguagem.

O ponto de partida, nos diz Lacan no seminário 17, passa pela relação fundamental que inaugura o sujeito a partir de $S_1$-$S_2$, na medida em que o $S_1$ intervém no campo já constituído dos outros significantes, se articulando de forma imperativa no par significante, fazendo surgir um sujeito que algo representa e produzindo, como resto, o *objeto a* que, enquanto perda, caracteriza o gozo do Outro.

***Discurso do senhor***

É importante destacar que, nas tentativas de captar um sentido — que se expressam nas articulações significantes como forma estrutural da linguagem —, o sujeito repete, em uma estrutura lógica, seu advento e produção de gozo, como inserção de trabalho, repetindo a perda no campo do Outro, no campo do significante.

Muito precisamente, Lacan delineia que o significante se refere a um discurso e sua utilização, funcionando na linguagem, como laço entre aqueles que falam. Dessa forma, ele evidencia o caráter imperativo que se produz pelo efeito do significante na corrente do discurso do mestre. A propósito, Michel Bousseyroux esclarece este ponto de Lacan:

> O significante tem uma função de causação no plano do real. O significante, enquanto tal, enquanto substantivo, o significante na sua tolice con-substancial, não é nem a substância pensante nem a substância extensa, é a substância gozante,

> por se definir somente daquilo que, de um corpo que o significante corporiza, se goza.[4]

Seguindo a elaboração de Lacan, ainda em 1969, ele utiliza os quartos de giros para anunciar os demais discursos, salientando sua afirmação de que a experiência analítica é uma experiência de discurso. Dessa forma, ele começa com o discurso do mestre, que se apoia na essência do senhor que nada quer saber, $S_1$, e no saber do escravo, $S_2$. Em seguida, propõe o movimento de um quarto de giro para o discurso da histérica, pois, numa experiência de análise, o que se descobre é justamente da ordem do saber, uma vez que aquilo que o analista institui é a histerização do discurso, ao passo que este é colocado no lugar de mestre pelo analisante ao qual direciona a busca pela verdade.

*Discurso da histeria*

Vemos acima, seguindo a construção de Lacan, que o sujeito e sua divisão estão no lugar de dominante, operando pela via do sintoma. Vemos também que o discurso da histérica mobiliza o desejo de saber. Saber qual o valor da pessoa que fala. "Por que, como *objeto a*, ela é queda, queda do efeito de discurso, por sua vez quebrado em algum ponto."[5] Neste matema, o *objeto a* tem seu acesso não-todo, pois é como faltosa que a histérica se vela,

---

[4] BOUSSEYROUX, Michel. "O *A Jakobson* de Lacan". *Revista Linguasagem*, São Carlos, v. 37, Número Temático, janeiro 2021, p. 312-220. Trad. Glaucia Nagem.

[5] LACAN, Jacques. (1969-1970) *O Seminário, livro 17: O avesso da psicanálise.* Trad. Ari Roitman. Rio de Janeiro: Zahar, 1992, p. 35.

e como verdade, ela só pode saber pela metade. Do lado do analista — lado do Outro, suposto saber, — está o $S_2$, o saber como produto, quer adquirido na escuta do analisante, quer adquirido de sua análise e limitado ao saber-fazer analítico. Um saber que comporta o impossível e que tem por orientação o fora do sentido. Um verdadeiro senhor sabe que o saber é do escravo, assim como o analista sabe que o saber é o do analisante, sendo, enquanto senhor, o que conduz ao saber, aquele que ao final terá efeito de rechaço no discurso. Assim, podemos avançar ao segundo quarto de giro, o giro do discurso da histérica ao discurso do analista que, possibilitado pela análise, enseja um saber não-todo, um saber que sabe a impossibilidade de escrever a relação sexual, e o que possibilita um furo no discurso corrente, um furo na perseguição por fazer um.

*Discurso do senhor*

Assim, na revolução dos giros dos discursos, o que se recolhe é o que cai do significante e possibilita o ato analítico, que põe limite no gozo e suporta a posição causa de desejo na medida em que o desejo do analista advém de onde estava o mais-de-gozar, enquanto rebotalho. Dessa forma, é como causa de desejo, enquanto afeto, que situamos, ainda no seminário 17, o primeiro aparato do analista. Posição inédita do efeito de uma análise, o discurso do analista comporta a posição do *objeto a* como dominante, mediante um saber inédito que é escrito como efeito de discurso analítico e que permite vislumbrar e articular o impossível. Vemos ainda despontar no seminário *Encore*, a propósito do escrito — que como efeito do discurso analítico faz decantar o significante, que o é por si mesmo, de seus efeitos de significado — tornar possível uma infinidade de leituras do significante que vem infiltrado no significado. De forma que tomar conhecimento disso e de que isso estava lá desde o começo é possibilitar infinitas formas de ler o que é feito da letra.

Lacan ressalta, mais ainda, que a letra na linguagem, na extensão da palavra, comporta a imposição de um além ou um aquém: escrever a letra é um outro efeito da linguagem, um efeito de escrito, que põe limite ao que não cessa de não se inscrever. Por conseguinte, o que se produz de novo numa análise passa pela produção de um saber na esteira do escrito, que como letra, tem valor diferente, pois revela a falha da linguagem.

Lacan, ainda neste seminário, localiza o escrito como pertinente ao discurso analítico à medida em que propõe uma diferença entre o que se ouve e o que se lê, a saber: que o significante é o que se lê do que se ouve do significado e o significado é o efeito do significante. Instaurando essa dimensão, ele distingue o que se produz no discurso corrente, a produção de sentido, e o que se produz em uma análise, como função e ofício do discurso analítico, em circunscrever o que se revela do escrito.

Dito isto, me parece válido ressaltar que o escrito está relacionado a algo do "*Y a de l'Un*", que inaugura a produção de $S_1$, em um outro nível do Um. Reitero, "É o Um na medida em que, seja qual for a diferença existente, sejam quais forem todas as diferenças que existem e todas as quais se equivalem, existe apenas uma: é a diferença."[6] Ou seja, uma produção contrária à universalização.

---

[6] LACAN, Jacques. (1971-1972) *O seminário, livro 19: ...ou pior.* Trad. Vera Ribeiro. Rio de Janeiro: Zahar, 2012, p. 159.

Mas se dizemos com Lacan que o discurso tem como função o laço, e ainda que o discurso analítico põe fim a essa busca infinita de fazer existir a relação sexual, como se configura o laço no discurso analítico? Respondo com Ronaldo Torres, apontando para continuidade deste trabalho, que se trata de um laço que passa pela transmissão da estrutura do discurso analítico, que propõe uma ruptura a alienação própria da linguagem[7].

---

[7] TORRES, Ronaldo. "O Campo lacaniano e o desejo". *Stylus — Revista de Psicanálise*, Rio de Janeiro, no. 28, junho 2014, p. 25-31.

# Criança-escritor, Psicanalista-leitor: a lógica de uma escrita a partir do conceito de fantasia

MARIANA OLIVEIRA[1]

## DO ATO ANALÍTICO À LÓGICA CLÍNICA OU DA LÓGICA AO ATO?

Propomos as operações "criança-escritor" e "analista-leitor" para construir o caso de Jasmim, um sujeito de cinco anos. Esta proposta tem causa no espaço mesmo do ato analítico, onde a psicanalista encontrou-se repetidamente convocada a intervir desde seu (não) saber, tendo como orientação a lógica do Real. É por esta via que articulamos a direção do tratamento

[1] Psicanalista, graduada em Psicologia. Membro do FCL — Fortaleza.

psicanalítico com crianças com a operação lógica da fantasia, compreendendo-a como um primeiro trabalho de transcrição textual das pulsões. Entendemos a operação da fantasia como ponte que se constrói entre o tesouro significante que o sujeito recebe do Outro e as implicações destes $S_1$s no universo pulsional do sujeito que virá a se armar em cadeia simbólica diante das incidências do real do corpo. Neste esforço de formalização, portanto, não nos referimos a uma escrita de sentido, mas ao ato mesmo que consiste em preencher as janelas do Real de modo que o sujeito possa se orientar no mundo. Tentaremos desenvolver este raciocínio clínico na argumentação a seguir:

Na clínica de orientação lacaniana, a "travessia da fantasia" é utilizada como um dos operadores lógicos para o final de análise do sujeito neurótico. Por outro lado, no que concerne à análise da criança, entendemos lidar com um tempo de constituição da fantasia o que aponta para a inversão da lógica aplicada na clínica clássica. Entendemos, portanto, que ao lidar com sujeitos no tempo "orgânico" da infância, a intervenção oriunda do desejo do analista deve estar orientada para os tempos de construção da fantasia. Desse modo, apresentamos a pergunta: poderíamos delimitar, a partir da fantasia, uma operação que circunscreve uma orientação para a psicanálise com a criança?

Este problema nos foi apresentado a partir da psicanálise de Jasmim, onde a intervenção da psicanalista levou à articulação entre lógica e ato, havendo efeitos na elaboração do brincar e na armação da cena do sujeito. Na ocasião desta escrita, o caso contava com a duração de dois anos, tendo o sujeito iniciado a análise aos três. O brincar de Jasmim, inicialmente inibido, foi sendo elaborado junto à psicanalista até que se constituiu uma escrita em ato que com o passar do tempo vai sendo construída e transmutada, alternando engajamento e resistência do sujeito. Inicialmente, destacamos para esta finalidade três movimentos que se observam nos jogos: 1) inibido, "não sei brincar"; 2) projetivo, onde os bonecos dão corpo à narrativa; 3) participativo, quando o sujeito inclui a si e à psicanalista na cena.

A construção e discussão do caso de Jasmim nos parece relevante no que concerne à direção do tratamento com crianças, uma vez que conta com tempos bem delimitados, favorecendo a discussão dos operadores teórico-clínicos amplamente utilizados no campo psicanalítico. Acreditamos que o "caso clínico é a principal peça na argumentação psicanalítica em favor de sua eficácia", assim como pondera[2]. No entanto, destacamos que, entre a experiência psicanalítica e a construção do caso clínico, se coloca a escrita inventiva do psicanalista, ponto que merece nossa atenção uma vez que delimita a particularidade do caso clínico em psicanálise. Neste ponto, podemos lançar mão do conceito de "construção" proposto por Freud[3] como uma das intervenções possíveis ao psicanalista, que adicionaria um fragmento ao discurso do sujeito, mensurando-o posteriormente pelos seus efeitos de verdade.

## A LÓGICA DA FANTASIA: UMA TRILHA CONCEITUAL

Partiremos do conceito de fantasia enquanto operação constitutiva que circunscreve uma resposta do sujeito ao Real, o que lhe equivale à construção de uma realidade psíquica e o localiza

---

[2] DUNKER, Christian. *Estrutura e constituição da clínica psicanalítica: uma arqueologia das práticas de cura, psicoterapia e tratamento.* São Paulo: Annablume, 2011, p. 536.

[3] FREUD, Sigmund. (1937) "Construções em análise". In: *Moisés e o monoteísmo, Compêndio de psicanálise e outros textos. Obras completas, v. 19.* Trad. Paulo César de Souza. São Paulo: Companhia das Letras, 2018, p. 327-344.

como desejante na trama do Outro. Articularemos a seguir o caminho para esta elaboração, organizando-o em dois eixos lógicos que nos subsidiarão na formalização do caso Jasmim: 1) A operação da fantasia; 2) O brincar e o fantasiar.

## A operação da fantasia

O conceito de fantasia é construído de forma transversal tanto na obra de Freud quanto no ensino de Lacan. Por se tratar de um conceito difuso e de longo desenvolvimento no decorrer dos dois legados, recorreremos aos comentários de Quinet e Coutinho Jorge para situar seus momentos mais significativos. Jorge, ao realizar uma leitura da obra de Freud, nomeia "Ciclo da fantasia" o período situado entre os anos 1906 e 1911, quando o fundador da psicanálise haveria se debruçado sobre a temática da fantasia. Desse período, Coutinho Jorge destaca a publicação de "O poeta e o fantasiar", de 1908, considerado por ele como "uma pequena joia" na obra de Freud[4]. Neste texto, o fantasiar é descrito como uma grande mobilização afetiva impulsionada por desejos insatisfeitos, atrelada à tentativa de corrigir uma realidade insatisfatória. A fantasia seria, para ele, uma formação substitutiva para suprir o gozo perdido e outrora extraído do jogo infantil. Outra característica assinalada por Freud, muito relevante para nossa pesquisa, diz respeito à temporalidade tridimensional da fantasia: "o desejo utiliza uma oportunidade no presente para projetar, segundo um modelo do passado, uma imagem do futuro"[5].

[4] JORGE, Marco Antônio Coutinho. *Fundamentos da psicanálise de Freud a Lacan, vol.2: a clínica da fantasia*. Rio de Janeiro: Zahar, 2010, p. 41.

[5] FREUD, Sigmund. (1908) "O poeta e o fantasiar". In: *Arte, literatura e os artistas.* Trad. Ernani Chaves. Belo Horizonte: Autêntica, 2021, p. 59.

Entendemos que estas primeiras teorias já comportam as bases do que será pensado sobre a fantasia como resposta inaugural ao Real, resposta que produz a realidade psíquica, tal como veremos exposto no avanço da obra de Lacan: "Com isso eles satisfazem a lógica que nos propusemos, pois ela supõe não haver outra entrada para o sujeito no real senão a fantasia", afirma, em período dedicado à formalização da lógica da fantasia[6]. Segundo ela, poderemos construir um entendimento da fantasia enquanto ponte estrutural entre o fora do sentido do Real e a realidade psíquica.

Já para Quinet, a "fantasia é uma imagem que tem uma determinação significante, ou seja, uma cena imaginária construída sobre uma frase que, como tal, tem a estrutura da linguagem. Por ser inconsciente, a fantasia é estruturada como uma linguagem da pulsão"[7]. Para abordar a fantasia, o autor recorre à noção de quadro utilizada por Lacan no seminário 11, descrevendo-o como uma cena para o Outro onde se articulam o sujeito dividido e o objeto *a*, sendo este o quadro que o sujeito coloca na "janela" irrepresentável entre o Real e o Simbólico[8]. Quinet afirma ainda que, "ao constituir o quadro da realidade do sujeito, a fantasia está no fundamento de sua posição, nas situações de sua vida e nas relações com seus semelhantes, dando-lhe um *pattern* de comportamento e de gozo"[9].

De acordo com Lacan, a estrutura da fantasia tem sustentação em uma cena primitiva que cumprirá "função de axioma".

---

[6] LACAN, Jacques. (1967) "A lógica da fantasia". In: *Outros escritos*. Trad. Vera Ribeiro. Rio de Janeiro: Jorge Zahar, 2003, p. 326.

[7] QUINET, Antônio. *A estranheza da psicanálise: a escola de Lacan e seus analistas*. Rio de Janeiro: Zahar, 2009, p. 158.

[8] *Idem*, p. 159.

[9] *Idem, ibidem.*

Sobre o axioma, Jorge esclarece: "aquela frase além da qual não existe nada. Ele [o axioma] não pode ser interpretado, ao contrário: todas interpretações levam a ele"[10]. O autor explica que as fantasias originárias estão relacionadas ao enigma das origens, sendo estas, para Freud, as fantasias da cena primária, de castração e de sedução. Seriam, portanto, os três exemplos típicos dessa estrutura que funcionaria como uma matriz psíquica para o sujeito. Será em torno dessa primeira cena que serão constituídos os outros tempos da fantasia.

Não podemos deixar de mencionar um ponto de concordância e insistência na bibliografia consultada: a inevitável relação da fantasia com o desejo sexual inconsciente. Para Quinet, a fantasia é uma encenação ativa deste. O mesmo autor faz referência ao ensaio "Uma criança é espancada", de 1919, onde Freud enfatiza o caráter de fixação, inércia e impermeabilidade da fantasia.

De acordo com a bibliografia consultada podemos considerar como argumento para a formalização do caso: 1) a estrutura da fantasia como resposta ao Real e fundamento da realidade psíquica; 2) o caráter de encenação ativa da fantasia; 3) seus tempos constitutivos na infância.

## O brincar e o fantasiar

No pertinente ao brincar em análise e suas articulações com a operação da fantasia, utilizaremos as coordenadas teóricas de Flesler e Coutinho Jorge, que destacam a publicação de "O poeta e o fantasiar", de Freud, como marco teórico dessa temática. Segundo Jorge, neste ensaio "toda a elaboração freudiana é feita no sentido de nos fazer ver que a fantasia representa, no

---

[10] JORGE, Marco Antônio Coutinho. *Fundamentos da psicanálise de Freud a Lacan, vol.2: a clínica da fantasia*. Rio de Janeiro: Zahar, 2010, p. 38.

adulto, o prosseguimento da atividade da brincadeira infantil"[11]. Freud nos diz sobre o brincar da criança:

> A atividade que mais agrada e a mais intensa das crianças é o brincar. Talvez devêssemos dizer: toda criança brincando se comporta como um poeta, na medida em que ela cria seu próprio mundo ou, melhor dizendo, transpõe as coisas do seu mundo para uma nova ordem, que lhe agrada. Seria então injusto pensar que a criança não leva a sério esse mundo; ao contrário, ela leva muito a sério suas brincadeiras, mobilizando para isso grande quantidade de afeto. O oposto da brincadeira não é a seriedade, mas a realidade [*Wirklichkeit*]. A criança diferencia enfaticamente seu mundo de brincadeira da realidade, apesar de toda a distribuição de afeto, e empresta, com prazer, seus objetos imaginários e relacionamentos às coisas concretas e visíveis do mundo real. Não é outra coisa do que este empréstimo que ainda diferencia o "brincar" da criança do "fantasiar".[12]

Quanto à clínica com crianças, recorremos a Flesler, que toma o conceito de fantasia para pensar o brincar e a cena do sujeito em análise. A autora entende que as desorientações produzidas no consultório estão relacionadas aos tempos da cena na construção do fantasma, sendo esta constituída de tempos que configuram a passagem do "espaço do Outro" à "cena do sujeito", tendo esta última um caráter inaugural e inventivo a partir da qual o sujeito aparece no intervalo deixado pelo Outro,

---

[11] *Idem*, p. 41.

[12] FREUD, Sigmund. (1908) "O poeta e o fantasiar". In: *Arte, literatura e os artistas.* Trad. Ernani Chaves. Belo Horizonte: Autêntica, 2021, p. 54.

lapso espaço-temporal onde localizará sua cena desejante. É sob essa perspectiva que o brincar revela seu valor clínico e estrutural, uma vez que o jogo permite ao sujeito uma virada constitutiva ao promover uma torção no espaço do corpo, definido inicialmente pelo olhar do Outro. Segundo Flesler, com o jogo, há uma torção do olhar que inaugura uma cena do que Walter Benjamin conceitua inconsciente óptico[13].

Sobre o jogo na construção da cena do sujeito, a autora pondera:

> Tendo a pensar que o jogo deve ser tomado como uma resposta do sujeito indicadora de uma recriação, de um movimento produzido, e sua ausência ou detenção como a falha da mesma. A cada vez que uma criança produzir a cena lúdica, estará simultaneamente delimitando o espaço do Outro e produzindo tempos de construção da cena do sujeito. Porque, definitivamente, o espaço é do Outro, mas a cena é do sujeito.[14]

A partir do exposto, podemos encontrar as articulações clínicas entre a elaboração do jogo e a construção da fantasia, tomando como ponto de partida a distinção proposta por Flesler entre "espaço do Outro" e "cena do sujeito", o que nos servirá na articulação do caso clínico a ser discutido.

## A INTERVENÇÃO DO PSICANALISTA E O ESFORÇO DE FORMALIZAÇÃO

No texto "A direção do tratamento e os princípios de seu poder", de 1958, Lacan pontua que o psicanalista dirige o tratamento,

---

[13] FLESLER, Alba. *El niño en análisis y las intervenciones del analista*. Buenos Aires: Paidós, 2011, p. 110.

[14] *Idem,* p. 104, tradução livre.

porém, de "modo algum" deve dirigir o paciente[15]. Nesse período de seu ensino, Lacan alerta para possíveis imposturas no campo psicanalítico e adverte que nossa prática não condiz com uma "reeducação emocional do paciente"[16]. Se sabemos muito bem que tal orientação serve para os psicanalistas em geral, nos parece ainda mais pertinente ao psicanalista que atende crianças. Com o objetivo de situar analista e sujeito na cura, Lacan destacou as dimensões tática, estratégica e política. Sobre o campo tático, Lacan afirma que, enquanto o psicanalista é "sempre livre quanto ao momento, ao número e também à escolha" de suas intervenções, ele "é menos livre em sua estratégia do que em sua tática", situando o psicanalista sempre do "lado do morto", daquele que não opera como sujeito, mas como objeto[17]. No que concerne à política, o analista é ainda menos livre, orientado indispensavelmente por sua falta-a-ser.

Para aplicarmos essa noção à clínica com crianças, utilizaremos o referencial teórico de Ana Laura Prates Pacheco, que antecede o nosso trabalho no que concerne à temática. A autora entende que há uma sobreposição da política, da estratégia e da tática quando se trata da clínica com crianças e destaca a importância de se delimitar um cálculo estratégico para que a transferência possa operar. Com isso, sinaliza o debate atual que aborda a necessidade de uma formalização acerca da direção do tratamento com crianças, buscando a unidade de um posicionamento clínico.

---

[15] LACAN, Jacques. (1958) "A direção do tratamento e os princípios de seu poder". In: *Escritos.* Trad. Vera Ribeiro. Rio de Janeiro: Jorge Zahar Editor, 1998, p. 586.

[16] *Idem,* p. 585.

[17] *Idem,* p. 588-589.

Sobre a direção do tratamento, Pacheco sublinha que "Lacan enfatiza com muita veemência o fato de que a clínica psicanalítica é aquela que opera 'sobre a fantasia'"[18], e conclui:

> Operar sobre a fantasia, esta é, no meu entender, a política da direção do tratamento sustentada pelo desejo do psicanalista, qualquer que seja a idade cronológica do sujeito, não obstante as possíveis especificidades estratégicas e táticas que se imponham na direção do tratamento com crianças no mundo contemporâneo.[19]

É a partir desta inspiração que tentaremos lançar luz sobre o jogo que se arma entre os corpos e como a intervenção da psicanalista auxilia na escrita do próprio sujeito. No caso de Jasmim, o sujeito parte de um brincar inibido que, posteriormente, se articula em uma cena do — a partir da leitura do — Real em jogo que se circunscreve a partir do saber analítico.

Aos três anos recém-completados, Jasmim inicia sua análise enredada na trama de divórcio do casal parental. Encaminhados pela pediatra, o casal procurava um acompanhamento psicológico para evitar possíveis danos à criança. Não havia uma queixa específica, Jasmim era uma criança saudável e com ótimo desenvolvimento cognitivo. Das entrevistas com os pais, a analista retém "Jasmim repete muito que tem medo". Nesse primeiro tempo, Jasmim resiste ao entrar nas sessões e não arma jogos. Diante da criança silenciosa, a psicanalista sugere uma

---

[18] PACHECO, Ana Laura Prates. *Da fantasia de infância ao infantil na fantasia: a direção do tratamento na psicanálise com crianças*. São Paulo. Annablume, 2012, p. 259.

[19] *Idem, ibidem.*

cena com os bonecos a partir do texto extraído do discurso do outro parental. Jasmim adere timidamente, ao passo que ela mesma introduz um outro jogo de dormir e acordar junto à analista. Essa dinâmica logo é substituída por um período no qual Jasmim prefere brincar sozinha com as bonecas e sobretudo desenhar em silêncio.

Localizo, portanto, a primeira operação de leitura-escrita em análise: diante do brincar inibido, a psicanalista oferece um texto recortado do discurso dos pais, onde supõe que a criança está alojada, abrindo, assim, as vias para que o sujeito possa inserir sua própria questão. Nesta intervenção, a psicanalista parte de um raciocínio semelhante ao aludido acima na citação de Flesler, quando propõe que o analista acolhe a criança do Outro para dar lugar à cena do sujeito. No entanto, a manobra só se fez eficaz por consequência do engajamento de Jasmim.

Com o passar do tempo o silêncio de Jasmim é substituído por choros e protestos de "não quero", "tenho medo", "medo de não sei". Diante do cenário, a psicanalista se questiona sobre a pertinência do tratamento, no qual o sujeito parece não endereçar uma demanda. Na escuta com os pais, no entanto, captura que o texto de Jasmim aparece sempre que a criança precisa transitar entre espaços: escola, balé, análise etc. Desse modo, delimita-se um ponto de angústia do sujeito e, quando Jasmim retorna à brincadeira com as bonecas, a psicanalista sugere que uma delas chore, ao passo que repete "não quero", "tenho medo". Jasmim se diverte e engata um longo período de jogo onde o choro da boneca aparece durante as noites de sono. Desse modo, os dois elementos do jogo que estão presentes de forma separada no primeiro tempo passam a compor uma só cena.

Identificamos, portanto, a segunda operação de "leitura-escrita" quando a psicanalista circunscreve o choro na dinâmica das bonecas, implantando um traço da angústia de Jasmim em meio ao jogo. Tal leitura permite que o sujeito transmute angústia em texto, abrindo lugar à simbolização. Desse modo, Jasmim pode trabalhar com mais precisão sua angústia, já que a boneca chora durante as noites de sono. Neste ponto, retomo a referência ao quadro, utilizada por Lacan no Seminário 11. Podemos considerar que, ao fechar os olhos para dormir, o sujeito abre uma janela para o Real, uma vez que perde o quadro imaginário sustentado pelo olhar. Enfrentar o escuro, portanto, requer uma tessitura simbólica que Jasmim ainda parece construir.

Quando o impasse da transferência parecia já manejado, retornam os choros e os protestos ao início da sessão. Em uma manobra duvidosa, a psicanalista decide, em ato, tensionar uma escolha para o sujeito "ou você entra ou vai pra casa", não sobrando a opção de permanecer chorando na sala de espera. Tomada por uma sincera angústia, Jasmim entra correndo na sala quando a psicanalista já estava prestes a fechar a porta, resultando em um enunciado novo, dito aos prantos: "eu queria ter uma família", ocasião que abre espaço para uma conversa e a retomada do jogo com as bonecas. Este torna-se mais complexo em elementos. Após algumas sessões, retornam os protestos. A psicanalista, quase vencida em seu desejo, propõe uma conversa para ressituar Jasmim em sua análise e consultar se ela sabe por que está ali, bem como se é do seu desejo continuar o trabalho, pois "quando você chora e diz que não quer vir posso entender que você não tem interesse em estar aqui", diz a psicanalista. Jasmim, mais uma vez, apresenta suas justificativas e opta por continuar.

Identifico a terceira operação de "leitura-escrita" na retificação subjetiva que situa Jasmim como sujeito de sua análise, permitindo também à psicanalista localizar-se em seu saber. A leitura que a psicanalista opera, portanto, aponta ao Real que se impõe na cadeia simbólica enquanto a escrita do sujeito delineia os pontos cruciais do que será sua ficção.

Consideremos que este primeiro tempo da análise de Jasmim nos oferece material para pensar objetivamente a intervenção do psicanalista na clínica com sujeitos em tempos de constituição. Sabemos que ainda há muito o que avançar sobre esta formalização. No entanto, fica claro que a política do psicanalista segue a mesma, uma vez que se orienta para a delimitação do Real em jogo para o sujeito e demarca a falta que precipita uma escrita — sendo esta, o tipo de operação atribuído ao psicanalista.

# O amor e o que se escreve em uma análise

FRANCISCO PAIVA[1]

Enquanto elaborava este texto, fui surpreendido por uma matéria de jornal que falava sobre uma bisneta que resgatara as cartas de amor de sua bisavó muitos anos depois de sua morte[2]. Eram cartas que datavam do começo do século, quando, ao mudar de cidade, a então adolescente Úrsula se encantou por Isaac e, a partir de então, começaram a trocar cartas, cartas de amor. Os pais decidiram retornar à cidade natal e os adolescentes tiveram que se distanciar, numa época em que os meios de comunicação ainda não eram tão velozes. Úrsula casou-se com outro homem e, devido às convenções sociais

[1]Psicanalista, membro da Escola de Psicanálise do Campo Lacaniano e do FCL-Fortaleza. Contato: fpf.fcl@gmail.com.

[2]Matéria disponível no endereço eletrônico: https://diariodonordeste.verdesmares.com.br/opiniao/colunistas/diego-barbosa/minha-bisavo-memorizou-as-cartas-do-amor-da-vida-dela-e-recitou-todas-antes-de-morrer-com-alzheimer-1.3441605

de então, decidiu queimar todas as cartas que tinha com Isaac. Passou-se o tempo. Tiveram filhos. E, em seu envelhecimento, no alto de seus mais de 90 anos, quando começou a apresentar déficits cognitivos, algo comparável hoje ao Alzheimer, a filha percebeu que Úrsula sussurrava palavras e começou a tomar nota. Percebeu que estava diante de cartas inteiras recitadas letra por letra, onde aparecia um nome diferente daquele de seu pai. A partir do que ia descobrindo com a escrita, a filha compreendeu que aquelas palavras contavam uma história de amor há muito tempo vivida, porém nunca esquecida e agora registrada e transmitida para as futuras gerações. Coisas que sobreviveram ao cotidiano, à degeneração fisiológica, e permaneceram cartas recitadas quantas vezes na intimidade de sua mãe e que agora ganhavam ouvidos. Palavras caladas e, talvez, por isso mesmo, tão vivas. Palavras quase apagadas, que, aos sussurros, encontraram outras e uma via de transmissão.

A questão que inicialmente havia pensado para este texto era a seguinte: "O que se escreve do amor a partir de uma análise?". A história de Úrsula parece nos mostrar que algo do amor é possível de se escrever ou, em outras palavras, deixar marcas, que sobrevivem mesmo diante do tempo e da degeneração fisiológica. Não se trata aqui de um caso clínico, porém isso nos leva a questionar se algo do amor pode se escrever a partir de uma análise. Podemos dizer que existem vários tipos de amor e que a psicanálise opera com um amor muito específico: o amor de transferência.

Porém, se o amor de transferência torna possível uma análise, o que podemos esperar de uma análise levada até seu fim? A queda desse amor. O amor de transferência não resiste a uma análise conduzida até seu fim. Na verdade, é sua queda que permite o fim.

Mas isso não quer dizer necessariamente que, depois de uma análise, não haja "amor pra recomeçar", como nos diz a música de Frejat, inspirada no poema de Victor Hugo. Uma análise não promete o amor. Não promete encontrá-lo, nem o contrário, erradicá-lo. O amor sofre as consequências de uma análise, mas não há garantias de encontrá-lo depois de tudo. A queda do sujeito suposto saber, ao final da análise, permite que alguém encontre uma satisfação diferente, uma satisfação com o fim. Acredito que o que se escreve a partir de uma análise tem a ver com essa satisfação. E isso não é necessariamente o amor.

Então, nessa questão, está presente, na verdade, uma certa distância entre aquilo que é do amor e aquilo que é passível de se escrever a partir de uma análise. Mas podemos nos interrogar qual é a relação entre aquilo que se escreve em uma análise e o amor. Isso que permaneceu escrito para Úrsula, atravessando tantas barreiras, era apenas da ordem do amor? O que mais poderia ter aí?

Para que haja amor, são necessárias algumas regras, as regras do jogo do amor, como nos diz Lacan:

> Então, tentemos nos interrogar se ganhássemos seriamente desse lado que... que o amor é apaixonante, mas que isso implica que ali se siga a regra do jogo. É claro, para isso é preciso conhecê-la. Talvez seja o que falta: é que sempre se esteve aí numa profunda ignorância, isto é, o jogo é jogado sem que se conheçam as regras. Então, se é preciso inventar esse saber para que haja saber, talvez seja para isso que pode servir o discurso analítico.[3]

[3] LACAN, Jacques. (1973-1974) *Seminário 21: Os não-tolos erram/Os nomes do pai.* Trad. Frederico Denez e Gustavo Capobianco Volaco. Porto Alegre: Editora Fi, 2018, edição eletrônica.

No seminário *Os não-tolos erram*, Lacan aponta que o discurso analítico pode servir para inventar um saber para o jogo do amor. A princípio o amor é apaixonante, o que não significa dizer que ele é uma paixão, pois existem dele vários tipos. Mas que há aí uma relação com a ignorância. Algo se ignora em relação ao jogo do amor. Há algo de desconhecido no amor, assim como no baile dos mascarados onde os encontros só ocorrem pela via do desconhecido, uma vez que esse desconhecimento é condição para a orientação da libido em direção ao objeto.

E é isso que ocorre em uma análise. A ignorância do sujeito, em certa medida, é resguardada pelo sujeito suposto saber. É o outro que sabe! Porém, no manejo da transferência, trata-se de o analista permitir que o sujeito passe da ignorância ao saber. Assim, em uma análise, se no início está a ignorância, o jogo deverá inventar sua própria regra, seu saber próprio, saber de cada um. E não apenas o saber que se extrai do inconsciente, que é passível de ser falado, mas um saber pragmático. Um saber-sabor que se experimenta, mas que não consegue ser posto em palavras. "Os psicanalistas são sábios de um saber que não podem cultivar.[4]"

Esse saber provém de uma falha, da falta de qualquer garantia, e assumirá o lugar da *fixão* desconstruída. É um saber que ao se desconstruir a si mesmo dá lugar à sua própria metamorfose. Trata-se de um saber-fazer-aí com as pulsões constitutivas. Um saber-fazer pragmático, que não envolve um pensamento ou uma elocubração. Algo que consegue dar um novo caminho para aquilo que vem do corpo[5].

---

[4] LACAN, Jacques. (1967) "Da psicanálise em suas relações com a realidade" In: *Outros Escritos*. Rio de Janeiro: Jorge Zahar Ed., 1003, p. 358.

[5] ROSTAGNOTTO, Alejandro. "O saber, se inventa?". *Revista Wunsch — Boletim internacional da Escola de Psicanálise dos Fóruns do Campo Lacaniano*, n.21, mar. 2021.

Aqui ressalto a importância do passe e da questão do final da análise dentro da Escola de Lacan. Há um furo central que sustenta essa experiência. Um furo no saber que permite que o final da análise toque o corpo e sua maneira singular de gozo. A solução que cada um encontra, portanto, é única, solitária. Como nos diz Lacan no "Ato de fundação" de sua Escola: "... tão só como sempre estive em relação à causa psicanalítica...". Porém, tal solidão não se traduz em isolamento. É justamente a partir dessa solidão que é possível sustentar a causa psicanalítica dentro dessa Escola. Como cada um sustenta sua relação com a psicanálise é o que permite os laços na Escola, encontro de solidões. Isso já não deve nada ao amor. Ou seja, ele não está aí no lugar de causa. Embora não deixe de sofrer as consequências. Quais consequências?

Se no início da análise é o amor, o amor de transferência, o amor ao sujeito suposto saber, para avançar até seu termo será necessário que esse amor caia e que em seu lugar surja um desejo inédito. Porém, se o amor de transferência cai, que amor resta?

No seminário *A angústia*, Lacan diz que o amor é o que permite ao gozo condescender ao desejo. Assim, o amor seria uma condição para que o gozo pudesse dar lugar ao desejo. O gozo só poderia encontrar a via do desejo a partir do amor. Mas ao longo de sua obra, a posição em relação ao amor vai se articulando de outras maneiras. No seminário *Mais, ainda*, dez anos depois, já temos outra fórmula bem diferente: o gozo do corpo do Outro não faz signo de amor. Assim, o amor aparece dissociado do sexo. Gozar do corpo de alguém, isso não faz de alguém homo ou heterossexual[6]. Diante do "não há relação

[6] IZCOVICH, Luis. "Lo que atrapa los cuerpos?". In: *El cuerpo en el analisis*. Farp. 2023

sexual" cada um responde de uma forma diferente. É o dizer do sexo, orientação da análise, que procura dar precisão a esse dizer como o real do sexo. O sexual faz sempre sintoma e a análise permite viver esse sintoma de outras maneiras.

O amor faz suplência ao que não se inscreve da relação sexual. Porém essa suplência, tanto do lado homem como do lado mulher não escreve uma marca. O que opera a partir da marca, a partir do trauma, é o gozo. Assim, a mudança de posição frente ao gozo é que permite um novo enodamento com o amor. Numa análise, a orientação para uma mudança de posição em relação ao gozo e ao desejo pode levar a um amor, um amor mais digno.

Lacan faz um percurso ao longo de seu ensino na via de uma dignificação do amor. Ele é colocado em oposição aos amores com a verdade. A verdade do palavrório, que só pode ser sempre meio-dita. É um amor silencioso, que buscou recursos no simbólico e no real para fazer a relação com o imaginário menos incômoda. Mas por que o amor enquanto imaginário faria uma relação incômoda? Lacan situa o amor imaginário como o verdadeiro amor, mas trata-se de um laço frágil, que se desfaz sempre que topa com o objeto *a*. O verdadeiro amor é aquele que dá sempre no ódio. Assim, o amor mais digno é diferente do verdadeiro amor ou do amor à verdade. É um amor que inclui a relação com o objeto *a*, que inclui o real, o gozo de cada um, um amor de ser a ser.

É importante lembrar que quando Lacan fala do ser, ele está jogando com a letra, ele está falando de *l'être* ("o ser", em francês). Assim, o amor de ser a ser é um amor onde os corpos se unem contando com o real. O amor de ser a ser não se sustenta no fantasma, mas implica o mais autêntico de si e o reconhecimento do mais singular do Outro. Um amor que inclui a letra de gozo de cada um.

Porém, se a escrita em uma análise aponta para o gozo de cada um, o que faz com que ainda possa haver amor depois de uma análise? Se o gozo é obtido a partir de uma marca no corpo de cada um, o que faz com que os corpos se lancem aos laços com outros corpos?

O amor elevado à dignidade da suplência não é mais da enganação, e a sua carta carrega o eco do saber inconsciente de *lalangue*, não apenas uma mera mentira. O insucesso do inconsciente é o amor (*L´insu qui sait de l´une-bévue s´aile a mourre*). No equívoco bem-dito de Lacan, o que se escuta pode ser justamente uma oposição entre inconsciente e amor. Se um fracassa, o outro é bem-sucedido. Porém, jogando com o fora-de-sentido, com aquilo que provoca o equívoco, temos aí o amor como o a-muro. O *a*, pequeno tijolo do vazio, ergue sozinho o muro que faz a distância indelével da não relação (proporção) entre os sexos. O amor enquanto a-muro comporta o *a*, guarda a distância, mas também o que é singular. "O amor mais digno é signo do Um, do *Y a d'l'Un* (*Há do Um*), que o saber inconsciente d'alíngua precipita em letra no a-muro"[7].

A letra é da ordem do escrito, que se precipita a partir da *lalangue* do saber inconsciente e que marca um lugar para o *a*, litoral, que separa, distingue. O amor mais digno traz a marca de uma singularidade, da singularidade da carta/letra de a-muro, que não faz 2, mas que precisa de 3 para tornar-se um, uma vez que leva em conta o real.

Nominé considera o amor um laço frágil, pois sempre se desfaz no encontro com o objeto *a*[8]. Para ele, o amor mais digno,

---

[7] FINGERMANN, Dominique. "Amar adentro". *Stylus — Revista de psicanálise.* Rio de Janeiro, n.30, p. 103-110, jun. 2015.

[8] NOMINÉ, Bernard. "Amor e sintoma: Os laços do amor e o nó do sintoma". *Stylus — Revista de psicanálise,* Rio de Janeiro, n.16, p. 77-87, mai. 2008.

esse amor ao qual uma análise pode levar, tem relação com o nó do *sinthome*. Nó que é mais forte e que permanece porque busca recursos no simbólico e no real, não se restringindo ao imaginário. Quando um homem toma uma mulher como sintoma, isso inclui algo da dimensão amorosa: "O amor que participa do nó do sintoma, talvez seja mais digno que a profusão do palavrório, que se ostenta ordinariamente sobre o muro e que fecha o furo da não relação sexual".

O psicanalista extrai sua política do sintoma. É ele o fio condutor de uma análise do início ao fim. Não é sua erradicação, nem mesmo sua adaptação que guia o analista, mas sim um caminho que vai da sua decifração à satisfação que é possível extrair daí.

Para Escobar, a pesquisa sobre o sintoma o conduziu a retificar sua posição frente ao desejo, frente ao real de seu gozo. E consequentemente sobre o amor. Nos diz ele: O ato do amor, ao menos para o homem, é a colocação em ato de sua perversão poliforma de macho. A dignidade que a análise provê ao sujeito permite o enodamento, em um mesmo objeto, do imaginário do amor, sustentado na unidade da imagem do *partenaire*, do simbólico do desejo articulado ao significante e do real do gozo da pulsão. Para gozar do corpo de uma mulher, para poder fazer amor com ela, é obrigatório apropriar-se da castração e, no ponto limite da função fálica, abordá-la como objeto do desejo; ela no lugar do objeto que o causa, como suplência do gozo que falta[9].

Assim, o que permitiu a Escobar encontrar o amor mais digno foi o trabalho em torno do sintoma, que o levou a assumir

---

[9] GALLO, Jorge Ivan Escobar. "Um amor mais digno". *Stylus — Revista de psicanálise.* Rio de Janeiro, n.31, p. 11-16, out. 2015.

a posição de seu desejo diante do real de seu gozo. Um enodamento ao outro sexo que passa pelo nó de RSI. Nominé, com o quarto nó do *sinthoma*, se pergunta se não haveria aí algo do amor uma vez que, na clínica da vida conjugal, o nó mais sólido é aquele do sintoma e não o do amor. Mesmo naqueles que passam uma vida a fazer e desfazer sua parceria amorosa, mas permanecem extremamente fiéis a seu sintoma.

Há também uma outra posição diante do sintoma, que não é a de tomar o outro sexo como sintoma, mas ser sintoma de gozo. Nessa direção, Soler diz que a instituição do objeto feminino pelo significante fálico do desejo é a instituição pelo sintoma de gozo, ser sintoma de gozo para um homem. A partir daí, o amor é mais silencioso, menos viciado nas mentiras das promessas e palavras bonitas, o que não impede que o parceiro tenha seu preço, seu preço como objeto de desejo e objeto de gozo[10].

Assim, não é só saber elucidar o sintoma, mas saber desembaraçar-se com o seu sintoma. O analista, portanto, não nutre o sentido do sintoma. Ao operar com o equívoco, ele esvazia esse sentido, apontando para o fora-de-sentido, para o limite daquilo que possa ser produzido como saber[11].

Como vimos, é a partir do saber de *lalangue* que a letra se precipita no a-muro. Portanto é no equívoco que algo se precipita e pode se escrever. Uma escrita que tem relação, não em servir de suporte ao significante, mas de se articular ao gozo. Não são apenas os ditos, mas o dizer que fica escondido por trás daquilo que se diz naquilo que se ouve.

---

[10] SOLER, Colette. *Comentário sobre a 'Nota italiana' de Jacques Lacan*. Trad. Cícero Oliveira. São Paulo: Aller Editora, 2024.

[11] SANT'ANA, Maria Luisa. "Um saber sem sujeito suposto". *Revista Wunsch — Boletim internacional da Escola de Psicanálise dos Fóruns do Campo Lacaniano*, n.*11*, jan. 2010.

Em uma análise, a dimensão do escrito é aquela que se dá não pelo que se escuta, mas pelo que se lê. É somente a partir da leitura que se chega ao escrito. Mas a leitura também, por si só, não é suficiente, é preciso chegar ao limite dessa leitura. Não é só ler o sintoma, decifrá-lo. A decifração pode levar ao infinito e é preciso que o analista introduza aí um corte. O corte nessa leitura-decifração possibilita chegar ao irredutível do sintoma, ao sintoma necessário, que não pode mais ser lido porque se chega a um fora de sentido. Não se trata mais de compreender o sintoma, mas de cernir seu lugar e, então, saber fazer aí (*savoir y faire*) com ele. Assim, a função capital da escrita é a de captar o sem sentido.

O escrito é aquilo que não pode ser compreendido, Lacan inclusive dá como exemplo os seus próprios *Escritos*. Incompreensíveis! Assim, a escrita aponta para o ilegível. O ilegível é o impasse que permite levar em conta o real. Sustentar o ilegível tem um alcance na análise: A (in)sustentável leveza da letra, ser de gozo, no corpo. A letra é o que se escreve de ilegível no limite dessa leitura. Demarcando um litoral.

Então, nesse ponto, podemos retomar o que teria se escrito para Dona Úrsula? Ao dizermos em francês letra (*lettre*), além de o ser (*l'être*), isso ressoa também com a palavra carta. Uma carta sempre chega ao seu destino! Talvez possamos depreender que o que se escreveu daí não foi o amor recobridor da não-relação sexual, mas algo mesmo da letra de a-muro, carta de amor. Não são as palavras, os ditos, mas algo que é o suporte mesmo de onde eles brotam, o dizer.

Tomo aqui uma citação de Diego Mautino em seu texto de Folhas Soltas:

> Diante de um impasse, dizendo em espanhol: "— El hijo" [O filho], escuta-se uma (outra) palavra, idêntica, mas que,

> apoiando-se em uma letra que falta, produz uma diferença: "-Elijo" [Escolho]. Apoiando-se em uma letra que falta, o "h", que não tem valor fônico em espanhol [o mesmo que em português] e por isso a chamamos de muda, muda algo — no sentido da ação de mudar.[12]

É sustentando a insustentável leveza da letra, uma letra que não pode nem mesmo ser ouvida, uma letra muda, e que, por isso mesmo, muda tudo. *El hijo*, o filho, *Elijo*, eu escolho. Arriscando uma livre e impossível tradução podemos dizer que é como se de filho, caísse a letra "h" e restasse apenas a palavra filo, fi-lo, assim como em "fi-lo porque qui-lo". Uma passagem de substantivo para verbo, o que provoca um efeito interpretativo de mudança de posição subjetiva. Da busca por substância do substantivo para a ligação cortante que um verbo representa em uma frase. Um verbo, que liga sujeito ao seu objeto, porém que, ao mesmo tempo, os separa. É um quase nada que muda tudo.

Não é que a letra da qual estamos tratando seja exatamente a letra "h", pois ela não é da mesma dimensão dos ditos, não pode ser dita, mas escrita. Assim, não são exatamente as palavras entre Úrsula e Isaac o que se escreve, mas algo que dá suporte a isso, e que tem a ver com o gozo. A diferença em relação à análise é que não é preciso esperar a diminuição das barreiras pela degeneração física. É possível encontrar outras vias de acesso ao real e, além disso, encontrar uma satisfação

---

[12] MAUTINO, Diego. "'Os analistas são os sábios de um saber do qual não podem conversar' — Transferência de trabalho: cartel, passe". *Folhas soltas — Boletim aperiódico dos cartéis da Escola internacionais e bilíngues EPFCL*, n.3, out. de 2023, p. 5-6.

de fim que permita experimentar uma liberação por uma solidão sem isolamento. Se o amor é o que permite o trabalho de uma análise, é o encontro com o real que traz possibilidades para a vida de alguém. Possibilidades para além da repetição programada, encontrando uma satisfação inédita.

É através da letra que se acede em uma análise, a partir do equívoco, a partir daquilo que está no limite da escrita, à marca de uma singularidade, aquilo que, através do real, faz de cada um único. É sair da posição de alienação ao Outro para uma onde o sujeito é responsável pelas suas escolhas, responsável por seu gozo.

Dessa maneira, o que se escreve para Úrsula foi veiculado pelas cartas, mas nunca se apresentou. O que retorna, sabemos que é da ordem de um real não simbolizado. Talvez as cartas, mais que uma história de amor, transmitiram uma singularidade em relação à forma de se amarrar à vida. Talvez aquilo que ficou calado encontrou eco em quem estava em condições de escutar e passar adiante algo do impossível, não sem um escrito. Um escrito que se lê. Me pergunto se não é assim mesmo que trabalhamos com uma psicanálise orientada em direção ao furo, em direção à Escola.

Assim, é através daquilo que se escreve de real a partir do sintoma que o amor pode ter um lugar mais digno, uma relação menos incômoda. Se em 1963 o amor é condição para fazer o gozo condescender ao desejo, dez anos depois, é o amor que se modifica com as retificações frente ao gozo e ao desejo. Ao cernir o gozo e provocar uma mutação no nível do desejo, uma análise pode trazer como consequência um novo amor. Talvez um amor que reste, que tenha afinidade com o resto, assim como o objeto *a*. Ou um amor pra recomeçar, que não é mais da ordem da repetição fantasmática... ou mesmo um amor que não se mede, que não se pede, que não se repete...

# ...de uma análise

QUARTA PARTE

# O que passa um passador?

SANDRA MARA NUNES DOURADO[1]

**O apanhador de desperdícios**
*Uso a palavra para compor meus silêncios.*
*Não gosto das palavras*
*fatigadas de informar.*
*Dou mais respeito*
*às que vivem de barriga no chão*
*tipo água pedra sapo.*
*Entendo bem o sotaque das águas.*
*Dou respeito às coisas desimportantes*
*e aos seres desimportantes.*
*Prezo insetos mais que aviões.*
*Prezo a velocidade*
*das tartarugas mais que a dos mísseis.*
*Tenho em mim esse atraso de nascença.*

[1] Psicanalista; membro de Escola, membro do Fórum do Campo Lacaniano de Fortaleza; Psicóloga do Departamento de Psicologia da Assembleia Legislativa do Estado do Ceará, Mestre em Educação pela Universidade Federal do Ceará. Contato: sandra.lacaniana@gmail.com

*Eu fui aparelhado*
*para gostar de passarinhos.*
*Tenho abundância de ser feliz por isso.*
*Meu quintal é maior do que o mundo.*
*Sou um apanhador de desperdícios:*
*Amo os restos*
*como as boas moscas.*
*Queria que a minha voz tivesse um formato de canto.*
Porque eu não sou da informática:
eu sou da invencionática.
*Só uso a palavra para compor meus silêncios.*

Manoel de Barros, *Memórias inventadas — A infância*

Quando Lacan criou sua Escola, certamente, estava orientado menos pela informática e mais pela *invencionática*. Freud, por sua vez, inventou a psicanálise por ser, quiçá, "um apanhador de desperdícios", como diz o poeta; afinal, enquanto o poeta se utiliza das palavras para escrever sua angústia, seu sofrimento, sua imaginação exacerbada acerca do que lhe afeta, o analista escuta, pois espera-se dele um ouvido atento aos desperdícios e aos efeitos que a língua — falada, escrita, traduzida, endereçada, dita, silenciada — é capaz de produzir nos seres falantes.

É o estatuto da palavra como ato que faz da psicanálise uma prática de transformação. Em 1895, Freud já havia atribuído um estatuto específico à palavra, ao afirmar que "o ser humano encontra na linguagem um equivalente do ato, equivalente graças ao qual o afeto pode ser redirecionado quase que da mesma forma"[2]. O ato psicanalítico é, evidentemente, o que dá suporte

[2] FREUD, Sigmund. (1895)"Estudos sobre a histeria". In: *Obras completas, vol. 2: Estudos sobre a histeria,* em coautoria com Josef Breuer. São Paulo: Companhia das Letras, 2016, p. 26.

e autoriza a realização da tarefa psicanalítica, nos diz Lacan em sua "Proposição"[3]. Definido como a intervenção do analista em uma análise, o ato analítico leva o sujeito a romper a repetição sintomática atingindo a estrutura que rege seu inconsciente.

A Bíblia nos apresenta, no mito da criação, a premissa de que "No começo era o verbo". Muito tempo depois Goethe, citado por Freud no texto *Totem e tabu*, diz que "No começo era o Ato"[4]. Lacan, no seu *O seminário, livro 15: O ato psicanalítico*, reúne as duas afirmativas, que aparentemente se opõem, dizendo que no começo era a ação, porque não há começo sem ação e não há ação sem significante, logo, no começo era o ato de dizer[5]. Assim, ato e dizer não se contrapõem, mas se implicam, e o ato do analista passa pelo dizer.

No entanto, existem atos que são definitivamente proibidos para o analista, a saber, o ato educativo e o ato de comandar, de ditar regras. O lugar do analista não é o de colocar o analisante nos moldes exigidos pela família, igreja ou escola. O ato educativo consiste em tentar dar uma forma adequada ou ideal, comandada pelo significante mestre; já o ato analítico aponta justamente para onde o sujeito não é, para o seu *des-ser* e não para o ideal. Essa é a ética da psicanálise e sua prática.

Se a formação do psicanalista é fundamentalmente singular, porque dependente de um trabalho árduo, paciente e muito laborioso que é o percurso de uma análise, podemos dizer que

---

[3] LACAN, Jacques. (1967) "Proposição de 9 de outubro de 1967 sobre o psicanalista da Escola". In: *Outros escritos*. Rio de Janeiro: Jorge Zahar, 2003.

[4] FREUD, Sigmund. (1913) "Totem e Tabu". In: *Obras completas, vol. 11: Totem e tabu, Contribuição à história do movimento psicanalítico e outros textos.* São Paulo: Companhia das Letras, 2012, p. 157.

[5] LACAN, Jacques. (1967-1968) *Seminário 15: O ato psicanalítico* (1967-1968). Inédito.

a formação do analista é facilitada quando há uma Escola que acolhe seu discurso e que tem por intenção sustentá-lo, muitas vezes indo contra outros discursos que insistem em se imiscuir. E, no entanto, a formação do analista, não depende, necessariamente, de uma Escola. Pelo menos a experiência assim o demonstra: há analistas sem escola. Mas é certo que é facilitadora. Ela é facilitadora de quê? De fazer circular o discurso do analista cujos parâmetros, em nosso caso particular, são dados pela obra de Freud e o ensino de Lacan.

Advertido disso, na "Proposição", Lacan faz uma aposta e ao mesmo tempo, uma invenção. Ao apostar nos dispositivos de sua Escola, ele inventa o Passe: um passo decidido a pôr em jogo todas as cartas do baralho. Mas qual o lugar do passador nesse jogo? Quais as indicações de Lacan a esse respeito? Por que, na invenção deste dispositivo, ele coloca o passador como elemento-chave?

Antes de avançar nesses questionamentos acerca da função do passador, interroguemos antes a finalidade do Passe: seria ela a possibilidade de responder à questão "O que é um analista"? Tal pergunta se renova a cada percurso de análise, levada até um ponto no qual isso pode ser verificado através de um testemunho. Como sabemos, no Passe, o sujeito produz um saber sobre sua própria análise, sendo possível, por meio deste, verificar e articular a direção do tratamento a uma instituição. No Passe, haveria uma irrupção do privado no público, e isso acontece graças a uma análise, a um analista e a uma instituição onde isso possa ser escutado.

Fingermann nos auxilia quando afirma:

> "Ele o é ainda, esse passe" anuncia Lacan na "Proposição": é no presente que o passador declina o passe, é sua presença que

> fará valer a dos outros que se prestam à provação do passe [...]. "A Escola, ou a Prova" nota Lacan em sua primeira versão da "Proposição", podemos dizer na esteira de sua declaração: "o passador, é a prova", prova da atualidade da Escola e da psicanálise. Para que haja analista são necessárias análises que levam até o passe, até esse ponto em que uns possam *ser designados* passadores, e os outros decidirem-se passantes[6].

Retomando a pergunta que norteia este trabalho, "O que passa um passador?", recorro ao significado do verbo *passar*: quando transitivo indireto, tem o sentido de mover-se de um lugar para o outro; como transitivo direto, significa percorrer de uma margem a outra, atravessar, transpor. O passador seria aquele que atualiza o verbo, ao transpor, ao transmitir a travessia feita pelo passante para o cartel do passe, a partir de uma escuta orientada, ética e atenta.

Ainda com Fingermann:

> Enquanto o passante declara ter transposto o passe, isto é, não mais estar na via analisante que supõe a transferência e o enlace analisante com o Sujeito Suposto Saber, o passador, por sua vez, está no passe, porém aquém do passo fora do jogo da via analisante, aquém da de-cisão[7].

Ora, a função passador é precedida por uma escolha de um outro, o analista. Ou seja, ser designado antecede ser sorteado: daí talvez a dificuldade, dado o caráter de surpresa, do futuro

---

[6] FINGERMANN, Dominique. *A (de)formação do psicanalista*. São Paulo: Escuta, 2016, p. 109.

[7] *Idem*, p. 111.

passador, em declinar de tal oportunidade! No meu caso, o susto inicial deu lugar a uma *con-vocação* ao trabalho: escutar um fim de análise, provocou em mim, naquele momento, um breve anúncio de que, *aquilo pelo qual eu estava passando na minha análise*, iria passar. Então, *isso* era possível? A resposta a essa pergunta foi dissipada quando escutei o primeiro passante, o qual tive a oportunidade de ouvir de modo *on-line*, outra experiência inédita.

Dentre as designações acerca dessa função, uma delas se destaca e me faz provocação: o passador como *placa sensível*. Este termo, quando adjetivado de sensibilidade me faz pensar numa sensível habilidade em ocupar uma função cuja missão *princeps* é a de transmitir o relato feito por alguém depois de se ter dado voltas e voltas em sua trajetória analítica, muitas vezes transcorrida ao longo de muitos anos... ouvir, extrair, recolher, transmitir. O que restou? O que cessou? O que se produziu em torno de um saber que venha a servir como possível resposta aos problemas cruciais da psicanálise, ainda? O que se decantou das irrupções significantes da história do passante?

Depois da colheita feita daquilo que o passante considerou importante, relevante, decisivo de falar para o passador, este é convocado a fazer uma outra colheita, reduzindo, ainda mais, o que deve ser "servido" para o cartel do passe. A questão que se impõe e permeia toda a "angústia" dessa eleição passa por: como eleger os elementos que alimentem a fome, o desejo e a espera de um banquete que sacie e nutra o suficiente para que se escute: "Estamos satisfeitos!"?

É como se fosse uma tentativa de transformar um sabor em um saber, ou vice-versa. Algo que só pode advir na pura passagem pela experiência, sendo esta sempre inaugural e, portanto, singular.

Porém, para que isso venha a ocorrer, é necessário que o passador tenha cumprido sua responsabilidade de escutar o que o passante pode extrair de sua análise, e transmitir isso a partir do que ele mesmo adquiriu de sua própria experiência.

Lembrando que, pela analogia, não se trata de uma festa de Babette[8], mas *une collation pour un petit groupe*[9].

Ao passador cabe o que Riobaldo em *Grande Sertão: veredas*, diz ao seu interlocutor:

> O sério pontual é isto, o senhor escute, me escute mais do que eu estou dizendo; e escute desarmado. O sério é isto, da estória toda — por isto foi que a estória eu lhe contei -: eu não sentia nada. Só uma transformação, pesável. Muita coisa importante falta nome[10].

Escrever sua própria experiência foi o passo decisivo de Freud, e a questão sobre o que se produz ao atravessar um percurso de uma análise continua essencial. Que produto se extrai dos efeitos advindos de uma psicanálise, capaz de fazer emergir a singularidade de um sujeito? Quais seriam as condições de emergência desse inédito? Sendo um psicanalista o produto de uma análise, como verificar os efeitos de sua função? Todas essas perguntas passam pelo passador, embora o que resta é apenas uma grande disposição em ouvir o que atravessa as entrelinhas do discurso do passante, o que restou como produto escoado ao longo de sua travessia como analisante.

---

[8] AXEL, Gabriel. *A festa de Babette*. Longa metragem, 102min. Dinamarca, 1987.

[9] Um lanche para um pequeno grupo.

[10] ROSA, João Guimarães. *Grande sertão*: *veredas*. São Paulo: Companhia das Letras, 2019, p. 99.

Voltando um pouco ao início, mais precisamente ao texto "Análise terminável e interminável", no qual Freud é taxativo: uma análise conduz à convicção na existência do inconsciente[11]. Convicção que norteará o analista em sua prática, possibilitando-lhe certa capacidade de invenção do saber inconsciente. Em tempos de, como é dito, "não temos prova, mas temos convicção", podemos questionar: essa convicção na existência do inconsciente leva, necessariamente, à possibilidade de trabalhar na invenção do saber inconsciente? Ou essa experiência está dada apenas para alguns?

O procedimento do Passe ajuda a responder essa questão de modo afirmativo. Sim, apenas alguns: não porque se trate de privilegiados, não porque fazer uma análise seja um privilégio, mas simplesmente porque não são todos — até porque todos, não há — que podem ser tocados por essa convicção, este efeito. A ela não se chega sem que se pague um preço alto. No mínimo, se paga com uma análise que é sempre cara — e não se trata apenas do preço material. Este pode ser negociado com o analista, esperando-se que, de fato, ele ocupe o seu lugar de escuta do desejo, lugar que é sempre de causa.

O caro em uma psicanálise é poder suportá-la, a partir do momento em que se percebe que já não é possível simplesmente dizer: "eu sei o que faço e sei muito bem o que digo".

É quando aquele que buscou uma aventura de uma análise (que podemos escrever *a-ventura*), aventura que não é sem inúmeras e diversas dificuldades, começa a se dar conta de que é um sujeito cindido, dividido pela própria linguagem que o faz falar sem saber o que diz e fazer sem saber o que faz.

---

[11] FREUD, Sigmund. (1937) "Análise terminável e interminável". In: *Obras completas, vol. 19: Moisés e o monoteísmo, Compêndio de psicanálise e outros textos.* São Paulo: Companhia das Letras, 2018.

No momento em que Lacan julgou que a Escola que ele próprio criou já não se sustentava na causa freudiana, ele lançou sua "Proposição" para tentar, mais uma vez, retomar os fundamentos. O Passe, da forma como o conhecemos hoje, é introduzido neste texto. Considerando que possa haver leitores aqui que ainda não conhecem suas bases, retomo-as, rapidamente, a partir de uma pesquisa nos documentos de nossa Escola:

1. O Passe é um dispositivo que visa a possibilidade de um analisante colocar à prova sua própria análise. Ele a relata dentro do dispositivo, cuja organização comporta uma engenhosidade que envolve outros sujeitos escolhidos por eleição (membros do cartel do Passe) e por sorteio (passadores). O fato de poder relatá-la é a grande oportunidade que o dispositivo traz para cada sujeito que quer se submeter a ele. Assim, não é tanto a resposta do cartel do Passe que importa ao sujeito que nele se inscreve, mas a experiência de relatar sua própria análise para analisantes que sabem muito bem o que é uma análise pela experiência que têm. Rever o trabalho realizado, retirar dele novas consequências, eis o que é o maior ganho de toda possibilidade de fazer o Passe.
2. O Passe é também um dispositivo que serve à Escola. Serve para que a Escola possa recolher os exemplos de análises e, no caso de ser verificado que a análise chegou ao final, exemplos de fim de análise, questão que estará para sempre aberta no âmbito da formação do analista.

O dispositivo inventado por Lacan, no entanto, comporta uma engenhosidade que envolve vários sujeitos, além do passante, dos quais se espera terem caminhado um bom caminho para ocupar o dispositivo. São eles:

- Os passadores: analisantes de alguns AMEs que, estando tão avançados em suas análises a ponto de seus próprios analistas lhe suporem um final possível — o que é também uma suposição, afinal, os analistas também se equivocam! —, têm seus nomes propostos para compor uma lista de passadores da Escola.
- Os cartéis do Passe: constituídos como todos os cartéis, por "4 mais uma" pessoas, cartelisantes que, tendo recolhido os relatos dos passadores, trabalharão o escutado na articulação com as questões já mencionadas anteriormente.
- O secretariado do Passe: que recolhe, mediante entrevistas com os candidatos, os pedidos de Passe e os julga mais ou menos pertinente. Ademais, guarda a lista de passadores recolhidos dos AMEs e é responsável por comunicar ao cartel do Passe quando terminaram as entrevistas, assim como comunica ao passante se houve nomeação ou não.

Como se vê, o Passe implica vários integrantes da Escola, pondo toda uma comunidade a trabalhar para fazê-la existir.

Por fim, podemos reafirmar que o desejo sempre vetorizou o sujeito falante. A genialidade de Freud foi editar, dizer de modo ímpar a especificidade de cada sujeito frente ao seu desejo. Sua invenção, a psicanálise, instaurou uma prática que possibilitou resgatar cada sujeito na sua singularidade pois, por meio de seu discurso, cada um será questionado de forma radical em função de seu desejo.

Se uma análise pode produzir um analista, é preciso saber como as análises fazem isso, como um sujeito passa por todo um processo que o leva, paradoxalmente, à destituição subjetiva, à queda das identificações e, daí, à posição de um analista cujo desejo é o de causar em outros o interesse de investigar suas relações com a causa freudiana. Afinal, quando o desejo decola, o que se passa? E quando o desejo orienta uma Escola e seus integrantes, o que passa de um ao outro? Me aventuro numa resposta: o que passa é a dor que acomete o sujeito falante, posto que o silêncio, o recalque e a repetição causam muito barulho e impedem que cada um escute o que há de novidade no que se possa dizer do real que não cessa de não se escrever. Eis nossa aposta!

# Do canto ao conto – conta?

ANDRÉA LIMA[1]

Então escrever é o modo de quem tem a palavra como isca:
a palavra pescando o que não é palavra.
Quando essa não palavra — a entrelinha — morde a isca,
alguma coisa se escreveu.
Uma vez que se pescou a entrelinha,
poder-se-ia com alívio jogar a palavra fora.
Mas aí cessa a analogia:
a não palavra, ao morder a isca, incorporou-a.
O que salva então é ler distraidamente[2]

Entre a palavra como isca e a palavra que faz furo, fica a palavra que convoca: "anda" e isso demanda um certo tempo de elaboração, daí a tentativa de caçar as palavras para dar conta da experiência no passe.

---

[1] Psicanalista, membro do FCL- Salvador e membro de Escola da EPFCL.
[2] LISPECTOR, Clarisse. Água Viva. Rio de Janeiro: Rocco, 1998

"Que ele pense com os pés, eis o que está ao alcance do ser falante, desde o momento do primeiro vagido"[3]. "O ato (puro e simples), tem um dizer, e pelo qual modifica o sujeito. Andar só é ato, desde que não diga apenas 'anda-se', ou mesmo 'andemos', mas faça com que 'cheguei' se verifique nele"[4]. O que é possível escrever/passar (transmitir) dessa experiência?

Na "Nota italiana", Lacan coloca "[...] que é do não-todo que depende o analista. Não-todo ser falante pode autorizar-se a produzir um analista. Prova disso é que a análise é necessária para tanto, mas não é o suficiente."[5]

O que é possível alcançar dessas palavras sentenças? Que é preciso, para tanto, levar em conta o real. Ou seja, aquilo que se destaca da nossa experiência do saber: que existe saber no real[6], que há um real em jogo na formação do analista. Mas de que saber se trata aqui? Qual é o saber em jogo? "O saber em jogo [...] trata-se de que não existe relação sexual, relação aqui, quero dizer, que possa pôr em escrita"[7].

Na invenção de Lacan desse dispositivo, a dimensão do não-toda é central, não-toda presença do passante encontra o cartel, esta dimensão está presente no próprio fato de que há dois passadores e no encontro de cada passador com o cartel, na medida em que cada um faz seu relato destacando do que foi escutado aquilo que se supõe essencial. Ficam as questões: O que é possível colher do testemunho do passante? O que é possível transmitir?

---

[3]LACAN, Jacques. "Nota italiana". In: *Outros escritos*. Trad. Vera Ribeiro. Rio de Janeiro: Jorge Zahar Editor, 2003, p. 311

[4] LACAN, Jacques. "O ato psicanalítico". In: *Outros escritos*. Trad. Vera Ribeiro. Rio de Janeiro: Jorge Zahar Editor, 2003, p. 371.

[5] LACAN, Jacques. "Nota italiana". In: *Outros escritos*. Trad. Vera Ribeiro. Rio de Janeiro: Jorge Zahar Editor, 2003, p. 312.

[6] *Idem, ibidem.*

[7] *Idem*, p. 314

Testemunho e transmissão, duas palavras ecoando dentro do meu oco, uma vez que: "o passador tem que assumir distintas funções, de testemunho e transmissão, que não devem confundir-se, mas que devem ser articuladas em função de sua relação com o Real. Testemunha-se de uma verdade como causa. Transmite-se um fragmento de saber, [...] o passador não é um mensageiro da palavra do passante. Ele transmite um fragmento de saber sobre o que impulsiona o analista a ser um desejo"[8]. O passador é aquele em que se espera que possa oferecer um lugar vazio, onde possa alojar o testemunho do passante e transmiti-lo, essa é a aposta. O passador não é tapado ou tapeado pela verdade, ele topa[9], e diria: ele tropeça.

Venho desde então me aventurando nessa travessia, tentando alcançar a rota do dispositivo, formulando qual o meu papel nessa embarcação. O que é ser passador? O que é possível escutar, colher? De que lugar escutar se não estou na função de analista, nem como simples analisante. E o que é possível, neste ponto onde me sinto no meio do caminho, um entre, entre portas, báscula, ponto, lugar, função que ecoa, ressoa. O "passador funciona como caixa de ressonância que pode fazer eco com seu corpo a algo do real que lhe foi transmitido."[10]

"Estranho ofício do passador, deve por muito de seu: nem simples ouvido, nem simples mensageiro. Muitas vezes é presa de um turbilhão, uma angústia (não a suscitada pelo *Che vuoi*?)

---

[8] BOUSSEYROUX, Michel. Encontro em Toulousse sobre o passe, 2006, apud OLIVEIRA, Beatriz. *Entre o testemunho e a transmissão: o lugar do passador*. Stylus: Revista de psicanálise. Rio de Janeiro: Associação Fóruns do Campo Lacaniano, n. 14, abril de 2017, p.165-166.

[9] FINGERMANN, Dominique. "A presença do passador: atualidades da Escola". *Wunsch — Boletim Internacional da Escola de Psicanálise dos Fóruns do Campo Lacaniano,* n. 11, 2011.

[10] METZGER, Clarissa. "O fim de análise e passe: um comentário sobre o passador e ecos de um real no corpo". *Stylus — Revista de Psicanálise,* n. 40, 2022, p.185

mas a correlativa a essa temporalidade do já/ainda não, angústia da suspensão do intervalo."[11] O passador empresta seu ouvido, sua voz, seu corpo nessa passagem, nessa experiência de destituição subjetiva. O que resta disso? O que resta das contingências do ouvir/colher/guardar/elaborar/soltar/transmitir?

Trata-se de uma experiência absolutamente solitária, que se sustenta por uma posição barrada, destituída do suposto saber, sem identificação, causada por sua própria verdade: a que suportar o não saber.

Passador passa/dor — (Coador-escorredor) um utensílio furado, próprio para recolher os achados. O passador é esse (es)corredor, essa falha, por onde quis passar meu passe — diz Lacan[12].

A experiência no dispositivo do passe tem seus efeitos, provoca mudanças, impossível passar por esses tempos/lugares/funções sem ser afetado e sem deixar de questionar qual a parte, a responsabilidade ética, "a libra de carne" de cada um nesse processo. Assim como questionar o lugar da Escola na formação do analista. Neste sentido, qual garantia é possível a uma Escola fadada a lidar com o real intrínseco à formação?

Vale salientar que essa função de garantia não se pode fazer só, é um trabalho em conjunto, que demanda o enlace entre intensão e extensão, que demanda trabalho, coragem, um autorizar-se, diria, arriscar-se a topar com o furo no saber, com o real em jogo na formação e na relação com a Escola. E essa

---

[11] CEVASCO, Rithée. Wunsch — Boletim Internacional da Escola de Psicanálise dos Fóruns do Campo Lacaniano, no.4, 2006, apud OLIVEIRA, Beatriz. *Entre o testemunho e a transmissão: o lugar do passador*. Stylus: Revista de psicanálise. Rio de Janeiro: Associação Fóruns do Campo Lacaniano, n. 14, abril de 2017, p.166.

[12] LACAN, Jacques (1973) Sobre a Experiência do Passe. In: Ornicar, no. 13, p. 117 apud FINGERMANN, Dominique. *A (de)formação do analista: as condições do ato psicanalítico*. São Paulo: Escuta, 2016, p.112

dimensão coletiva se faz presente no dispositivo do passe: passante — passador — cartel do passe — Escola, algo de singular que pode servir ao coletivo.

Esse movimento que acontece no passe toca no enlace possível entre solidão e Escola e a partir daí me parece ser possível decantar três momentos lógicos da solidão que perpassa a travessia de analisante a analista: "estar sozinho", "ser sozinho" e "sozinho, não sem alguns outros"[13].

"Estar sozinho" se refere à posição do sujeito que demanda uma análise, cujo sintoma, reiteradamente, tenta escrever a relação sexual. Solidão de alienação[14]. O "ser sozinho" é a condição estrutural do falasser definido por Lacan como unaridade[15], um neologismo que evidencia o "real do Um-todo-só [*Un-tout-seul*], totalmente sozinho"[16], solidão de separação. Já o "sozinho, não sem alguns outros", a experiência de uma "solidão não mais de alienação, não somente de separação, e sim de uma solidão mais digna"[17] impossibilita a paridade, mas favorece o laço, visto que separar-se do Outro é um momento lógico necessário para poder estar com o outro[18].

Desta forma, o ser sozinho, mas não sem os outros, tem me conduzido a atravessar os furos, recolhendo restos, para com eles poder topar fazer laço, fazer Fórum, fazer Escola.

---

[13] SALDANHA, Claudia. *Sozinho, não sem alguns outros: fazer Escola, fazer laço*. No prelo.

[14] MARRAZZO, Carmine. "Uma solidão 'mais digna'". *Wunsch — Boletim Internacional da Escola de Psicanálise dos Fóruns do Campo Lacaniano*, n. 15, 2016, p. 91.

[15] LACAN, Jacques. *Seminário 24: L'insu qui sait de l'une-bévue s'aile à mourre* [1977], inédito.

[16] LACAN, Jacques. "... ou pior". In: *Outros escritos*. Trad. Vera Ribeiro. Rio de Janeiro: Zahar, 2003, p. 547.

[17] MARRAZZO, Carmine. "Uma solidão 'mais digna'". *Wunsch — Boletim Internacional da Escola de Psicanálise dos Fóruns do Campo Lacaniano*, n. 15, 2016, p. 91.

[18] DUNKER, Christian. *Reinvenção da intimidade — políticas do sofrimento cotidiano*. São Paulo: Ubu, 2017, p. 34

Do canto ao conto, conta? Uma operação/deslocamento, um autorizar-se movimento, um topar ir mesmo sem saber onde vai dar. E foi assim que me vi no olho do furacão, num turbilhão, um desassossego que desde então vem me tirando do canto, me pondo em movimento.

Duas experiências, dois tempos, um online, outro presencial. Do testemunho à transmissão há um mar. E é necessário navegar sobre ele e tentar não se afogar, deslocamentos que têm tocado na minha relação com meu próprio passo frente a psicanálise, seja no divã, seja na relação com o Fórum e com a Escola.

A partir da experiência/travessia, tem sido possível um certo atravessamento entre os tempos lógicos: instante de ver, tempo de compreender, momento de concluir, o que me faz constatar que há um tempo para se deparar com a experiência do passe.

Há um tempo e há tempos no dispositivo do passe. Tempos que vão sendo passados a cada passo, tempos aqui nomeados como: tempo surpresa, tempo da escuta, tempo da espera, o tempo do encontro e tempo passando.

**Tempo surpresa (topar)** — ao receber o telefonema do passante, surpresa, não esperava, a Escola e o passe eram algo distante. Vale salientar que a surpresa é, pois, um acontecimento que não está previsto. Com a surpresa respondo com um "posso pensar?", posso eu passar? Um ano depois, recebo outro telefonema, a surpresa está presente "de novo", mas de um outro lugar, já sem hesitar, topo.

**Tempo da escuta (colher achados)** — por conta da pandemia, os encontros com a primeira passante aconteceram online, já com a segunda o encontro foi presencial. Duas experiências, dois tempos diferentes, muitos efeitos, afetos, angústia, o não saber sempre presente, mas o desejo também. Ao topar com essas duas experiências ainda hoje me pergunto em se tratando do dispositivo do passe, dispositivo esse furado, se houve perdas entre o online e o presencial.

**Tempo da espera — (guardar palavras)** "entre" uma palavra presente no dispositivo, esse tempo de espera que se deu entre o tempo de ouvir e o tempo do encontro com o cartel do passe. Quatro e cinco meses, um desassossego. O que fazer com os achados colhidos? E ao mesmo tempo como lidar com esse "entre" intensão e extensão? Momento de trabalho e que me relançou ao que é meu; qual o meu lugar na psicanálise, na formação, qual a minha relação/implicação, no trabalho de Fórum e na relação com a Escola? Há um deslocamento, o que me levou a participar de um cartel sobre a Escola de Lacan, assim como a me questionar porque não ser membro de Escola? Esta que antes era miragem aparece como uma direção, uma possibilidade de dar tratamento às questões que venho bordeando já há algum tempo.

**Tempo do encontro — (deslocamento)** — ir ao encontro do passante, ir ao encontro do cartel do passe, seja através de uma tela, ou de várias janelas, recortes de corpos, seja no corpo a corpo do encontro presencial, receber o passante, atravessar o oceano, encontrar com o corpo do cartel do passe, produz deslocamento. Como viabilizar a efetividade da experiência do passe de forma online? Essa foi e ainda é uma questão que se faz presente a cada vez que penso sobre o passe. Diria: uma experiência que envolve uma atualização. Entendendo que o próprio dispositivo do passe é um dispositivo cheio de furos, não seria o online mais um obstáculo?

**Tempo do depois (passando)** — se conclui uma função, mas esta ainda ressoa, ainda há muito a elaborar, ainda muito a contar. Afinal, "toda história contada é um corpo que pode existir. É uma apropriação de si pela letra — marca de sua passagem pelo mundo. O ponto final de quem conta, não é o fim, apenas o princípio".[19]

[19] BRUM, Eliane. *Meus desacontecimentos.* São Paulo: Leya, 2014, p. 111

# Do amor de transferência à transferência de trabalho

TALLITA ARAÚJO VIEIRA BARROS[1]

> Cansei de me perder procurando respostas;
> calhei de me guiar por minhas perguntas.

Foram intensas as trocas de trabalho no Encontro Nacional da EPFCL-Brasil que ocorreu em Belém no ano de 2023. Tanto entre colegas já conhecidos, membros de Fórum e Escola, como também entre os participantes dos diversos Fóruns do Campo Lacaniano pelo Brasil. Muitos questionavam as próprias entradas como membros. Foi então que, em meio a perguntas sobre o funcionamento da Escola, as instâncias, as letrinhas que confundem também quem já está "dentro", uma questão recorrente

[1] Psicanalista, membro do Fórum do Campo Lacaniano de Fortaleza.

me colocou, mais uma vez, ao trabalho: por que ser um membro de Fórum ou de Escola?

No ato de fundação da Escola, Lacan aponta que "o ensino da psicanálise só pode se transmitir de um sujeito para outro pelas vias de uma transferência de trabalho"[2]. São esses momentos de troca, de testemunho de trabalho, que possibilitam a transmissão da psicanálise; mesmo que a resposta sobre a própria decisão de entrada na Escola precise ser construída no percurso de formação de cada um, sem receita de como fazê-lo, seja no Fórum ou na Escola. Em meio a esse tema, voltei a me perguntar sobre o meu percurso e a relação deste com a Escola.

Parece simples quando se diz que o que faz um analista é a própria análise, o estudo da teoria e a supervisão. Mas como estudar essa teoria e com quem fazer supervisão são questões nada fáceis de encarar, mesmo contando que já há uma análise em cena — na melhor das hipóteses!

No meu caminho, já convivia com pessoas da psicanálise que trabalhavam numa Escola lacaniana. Até certo tempo, isso foi um facilitador. Mas procurei trilhar meus próprios passos e fui conhecer outros espaços, construir laços de trabalho com colegas de outras instituições e até com alguns que transitavam entre as vários lugares, mas não se identificavam com nenhum a ponto de virarem membros ou trabalharem em uma delas. É como se fosse suficiente beber do que as Escolas ofereciam. Não pareciam se sentir convocados a contribuir de uma forma mais efetiva. Não era o meu caso. Havia algo como uma dívida, uma gratidão para com o que a psicanálise me proporcionou como efeito de análise desde que conheci uma Escola lacaniana.

---

[2] LACAN, Jacques. "Ato de fundação". In: *Outros escritos*. Trad. Vera Ribeiro. Rio de Janeiro: Jorge Zahar Editor, 2001, p. 242.

Após alguns anos, fiz uma escolha e entrei como membro do Fórum do Campo Lacaniano de Fortaleza. O começo foi instigante, cheio de vontade de trabalhar. Parecia evidente que ser membro de Escola seria o meu próximo passo do percurso; mas depois de um tempo de trabalho em algumas funções no Fórum, de quedas imaginárias, efeitos de análise, passei a me questionar sobre a certeza de querer ser membro de Escola. E isso me assustou. O que parecia óbvio, deixou de ser. Parecia que algo havia se apagado, morrido. Lacan, em *D'écolage*, de 1980, afirma que "o luto é um trabalho, é o que se lê em Freud", ao se referir ao luto por uma Escola[3]. No percurso de Lacan, o luto esteve ao lado dele. Mais adiante retomarei esse ponto.

As decisões direcionadas à Escola me pareciam mais evidentes em relação à orientação, porém, menos óbvias sobre o meu momento do ato de entrada. Por um lado, há mais apropriação das questões e do trabalho voltado à Escola. Por outro, mais responsabilidade e cautela.

O trabalho "de luto" começou pela pergunta: O que se espera de um membro de Escola? Questão que me direcionou à outra: Estou à altura de fazer o pedido de entrada para ser membro de Escola? Importante ressaltar que, quando me refiro à altura, falo de *gradus*, caminho percorrido, transferência de trabalho que se coloca à disposição da Escola lacaniana, que se relaciona com uma experiência que não se resume a colher, ou a-colher, mas a um plantio, cultivo do discurso analítico.

Daí, sigo no caminho das perguntas: qual a diferença da transferência de trabalho pela ética da psicanálise — lógica do

---

[3] LACAN, Jacques. (1980). "*D'Ecolage*". In: *Dissolution*. Texto inédito. Disponível no endereço: http://staferla.free.fr/S27/S27%20Dissolution.pdf. Acesso em 23/07/24.

discurso analítico — e da transferência de trabalho pela lógica da ciência — discursos universitários e do mestre?

Segundo Sauret, há transferência de trabalho direcionado em todos os domínios da ciência[4]. Transferência de trabalho é aquilo que sustenta quando o Outro do saber não é mais suposto para fornecer respostas e que relança o trabalho contra o fechamento de sua própria resposta, mas também em busca de uma verdade que tampone os buracos. Sauret nos diz que toda transferência de trabalho, mesmo na ciência, "acompanha o passo que vai do simbólico ao real por um ganho de saber suscetível de colocar em causa os saberes existentes, inclusive os da psicanálise"[5].

Na ciência, é preciso que seja mantida a exclusão do sujeito fora do saber. Por isso, de um lado, o real é da ciência, enquanto na psicanálise, o real é do sujeito. No discurso analítico, o sujeito se dirige ao analista através do amor de transferência, fruto da fundação do Sujeito Suposto Saber (SsS). No amor de transferência, o que se encontra é uma verdade mentirosa, o furo real que remete à castração. Sendo assim, a transferência de trabalho, orientada pelo cultivo do discurso psicanalítico, ou seja, direcionada à Escola, deve nascer do resultado do efeito da transferência analítica.

Dessa forma, a transferência de trabalho orientada pela psicanálise pode ser um dos destinos da operação do amor de transferência ao analista. É a partir da transformação do amor de transferência da própria análise que se sustenta a

---

[4] SAURET, M.-J. (2000) "A transferência depois do passe: trabalho de transferência, transferência de trabalho, laço social". In: *Stylus — Revista de Psicanálise,* n.1, p. 21-29. Disponível no endereço: https://issuu.com/epfclbrasil/docs/n1-full . Acesso em 24/11/23

[5] *Idem,* p. 25.

transferência de trabalho direcionada à Escola. Daí mais um motivo da importância do esforço em transmitir esse real de que se trata nessa queda, através do dispositivo do Passe.

Essa transferência de trabalho, como um destino da operação do amor de transferência, relaciona-se com o final de análise, mas já se impõe nos *atos do percurso do analista*, na persistência do trabalho mais descolado do imaginário e mais próximo do real, até a queda do SsS, da transferência.

Lacan nos convida a questionar o termo *liquidação da transferência*, afirmando que o que se liquida é a tapeação pela qual a transferência tende ao fechamento do inconsciente[6]. Dessa forma, podemos considerar que transferência não se liquida, se transforma, possibilitando que o amor de transferência da análise tenha como um dos destinos possíveis a transferência de trabalho direcionada à Escola.

Para quê essa transformação? Para quê esse trabalho direcionado à Escola?

> Enfim, se vocês podem pensar com os subcutâneos frontais, vocês podem também pensar com os pés. Pois bem, é aí que gostaria que isso entrasse, já que afinal de contas o imaginário, o simbólico e o real, isso é feito para que aqueles desse agrupamento que são os que me seguem, para que isso os ajude a trilhar o caminho da análise[7].

---

[6] LACAN, Jacques. (1964) *O seminário, livro 11: Os quatro conceitos fundamentais da psicanálise*. Trad. M.D. Magno. Rio de Janeiro: Jorge Zahar Editor, 1988, p. 259.

[7] LACAN, Jacque. "A terceira". *Cadernos Lacan (APPOA)*, v. 2, Porto Alegre, 2002. Disponível no endereço: https://pdfcoffee.com/a-terceira-jacques-lacan-pdf-free.html. Acesso em 29/11/23.

Para isso se deve a Psicanálise, o tripé da formação, a Escola e seus dispositivos: para nos ajudar a trilhar o caminho da (própria) análise e, para aqueles que se atrevem a se meter nas análises dos outros, para possibilitar sustentar aquilo que se espera de um psicanalista.

Volto a frase em que Lacan afirmou que o luto é um trabalho[8]. Foi a partir desse ponto que ele deu o passo irreversível de dissolver a Escola, ao dizer: *Delenda est.* Essa frase foi dita por Catão ao terminar seu discurso e sentenciar que a cidade de Catargo, na 3ª Guerra Púnica, deveria ser destruída, sem chance de recuperação. A frase em latim significa que o inimigo deve ser aniquilado[9].

Lacan dissolveu sua Escola por só encontrar o grudar-se: "onde eu fiz menos Escola... que cola"[10]. E de maneira firme, afirmou que não aceitaria que ninguém se divertisse com a Causa Freudiana, a menos que esteja seriamente descolarizado/descolado. Admitiu que a falha de Freud foi a de ter deixado os analistas sem recursos e, por não terem outra necessidade, eles se sindicalizaram.

Que outra necessidade nós, analistas, podemos ter, mesmo sem recursos, para que a saída não seja a cola, a sindicalização? Lacan diz que tentou inspirar os analistas ao anseio de ex-sistir[11].

---

[8] LACAN, Jacques. (1980). "*D'Ecolage*". In: *Dissolution*. Texto inédito. Disponível no endereço: http://staferla.free.fr/S27/S27%20Dissolution.pdf. Acesso em 23/07/24.

[9] SOUTO, Rafael. "A destruição de Cartago e o mundo corporativo". *Revista valor econômico,* 2008. Disponível no endereço: https://valor.globo.com/carreira/recursos-humanos/coluna/a-destruicao-de-cartago-e-o-mundo-corporativo.ghtml. Acesso em 3/07/24.

[10] LACAN, Jacques. (1980). "*D'Ecolage*". In: *Dissolution*. Texto inédito. Disponível no endereço: http://staferla.free.fr/S27/S27%20Dissolution.pdf. Acesso em 23/07/24.

[11] *Idem, ibidem.*

Na minha expectativa de entrar como membro de Escola, de trabalhar no Fórum, precisei trabalhar o luto. O que me anima no percurso? Trabalhar num Fórum é diferente de ser funcionário. Trabalhar o sintoma na própria análise possibilita mudar a posição de funcionário a trabalhador decidido. Dar conta disso é um passo importante, mas não suficiente. É preciso um percurso onde seja possível realizar um plantio.

Falando em plantio, colho dessa travessia até aqui que ser participante das atividades, um membro de Fórum ou membro de Escola são questões que podem e devem ser conversadas entre nós, mas é importante estarmos advertidos de que é na própria análise que a resposta (ou a próxima pergunta) será construída, fruto dessa operação do amor de transferência em transferência de trabalho, se-parida para ser posta em ato no percurso de cada um.

# Do todo ao não-todo: O que muda na relação do sujeito com o saber no percurso de uma análise?

RAISSA DANTAS[1]

**Memória**

*Não leve muito a sério*
*o que te diz a memória.*
*Talvez aquela tarde nunca tenha existido.*
*Talvez tudo tenha sido autoengano.*
*A grande paixão*
*existiu só no teu desejo.*

---

[1] Psicanalista, Membro do Fórum Fortaleza e da EPFCL.

*Quem garante que não te estás contando ficções*
*para prolongar o adiamento do fim*
*e fingir que tudo isso teve*
*ao menos algum sentido.*

José Emilio Pacheco

O seminário 20 de Lacan, *Encore*, é um dos pontos de virada em seu ensino. Ele fala sobre o amor e traz uma teorização sobre o gozo em sua implicação com o significante, a partir da articulação do corpo com a linguagem, introduzindo a novidade do significante como causa de gozo. Na última aula, ao retomar seu percurso até ali, ele enuncia: "De fato, falei um pouco do amor. Mas o ponto pivô do que enunciei este ano diz respeito ao saber, sobre o qual acentuei que seu exercício só podia representar um gozo" . É sobre o saber que nos deteremos neste texto, o saber em sua relação com o gozo e em que nele incide o discurso analítico.

No decorrer deste seminário, Lacan nos apresenta o desenvolvimento final de suas fórmulas da sexuação, desimaginarizando o que é homem e mulher para a psicanálise, e apontando o que disso diz para além dos significantes, ao trazer, a partir da lógica, as posições de gozo: todo e não-todo fálico. Em seus quadros escreve à esquerda o lado homem, o todo fálico:

- [$\forall x \, \Phi x$] : todo humano está submetido à ordem fálica;
- [$\exists x \, \Phi x$] : Existe um que não está submetido à castração.

O lado fálico vem referenciado pela função do pai [$\exists x \, \Phi x$], que é ali onde a castração faz limite, é isso que permite que se sustente o universal. A partir da função nome-do-pai traz-se a exceção necessária do que se afirma com relação à castração: que os homens estão totalmente referidos a ela.

É do lado fálico que Lacan vai situar o $\$$ e o $\Phi$, apontando que o $\Phi$ sustenta o significante, que se encarna no $S_1$: por ser dentre todos os significantes aquele que, paradoxalmente, desempenhou o papel que, da função, no $\Phi x$, é justamente esse significante do qual não há significado e que, quanto ao sentido, simboliza seu fracasso.

Do outro lado temos o não-todo fálico:

- [$\overline{\forall x}\ \Phi x$]: não-todo ser de fala é castrado;
- [$\overline{\exists x}\ \Phi x$] : não existe nenhum ser de fala para quem não se cumpra a castração.

O que se escreve do lado direito das fórmulas é justamente o que não permite nenhuma universalidade. Situada a partir de seu gozo, e a partir da função fálica, a mulher tem acesso a um "gozo suplementar". O que Lacan deixa claro é que "não é por estar não-toda na função fálica, que ela não está ali de modo algum"[2]. Ou seja, o gozo Outro parte do gozo fálico. A mulher, para acessar o lado não-todo das fórmulas da sexuação, tem de partir do lado todo, e indo para além dele, passa a ter acesso a um "algo a mais", um gozo "para além do falo". O que se esclarece é que somente a partir do Um se pode situar o Outro.

Com essas fórmulas, Lacan então situa o sujeito do lado fálico na busca por seu complemento enquanto aquilo que é do fantasma. Já do outro lado, situa A̸ mulher enquanto relação com esse S(A̸), significante do Outro enquanto barrado, que

---

[2]LACAN, Jacques. *Seminário 20, Encore* (1972/1973). Rio de Janeiro: Escola Letra Freudiana, 2010, p. 151.

não é outra coisa "senão a impossibilidade de dizer toda a verdade"[3]. Sendo não-toda, A̸ mulher desdobra-se. De sua parte que acessa o falo, acessa-o enquanto esse Φ, o significante que não tem significado. E naquilo que o ultrapassa, ela tem relação com o que pode ser dito do inconsciente como radicalmente Outro.

Ao abordar a questão do saber, Lacan o simboliza dentro do discurso como $S_2$, um $S_2$ que está situado aí para além de uma simples secundariedade em relação ao $S_1$, ele fala em uma "desarticulação fundamental"[4]. O que se explicita aí é que no discurso analítico não se trata mais de buscar esse encadeamento que visa o sentido. Trata-se de situar o sujeito nessa busca constante por um complemento de saber, um "saber a mais do ser" que, no final das contas, coincide justamente com a paixão da ignorância. Advertido de que a busca por um saber a mais é, na verdade, a tentativa de escamotear a falta própria à estrutura, o analista entrará com seu ato que se apresenta como descontinuidade, corte, desarranjo.

Ao situar o falo como um limite, o limite dos seres que falam, Lacan lançará uma pergunta sobre qual o saber daqueles que não falam, o saber que está para além do falo, fora da área de cobertura do significante, no lado Outro do inconsciente. É a partir disso que surge a questão da qual tento circunscrever algo nesse texto: o que muda na relação do sujeito com o saber no percurso de uma análise?

Na aula de 13 de março de 1973, Lacan planta um equívoco que será elucidado logo em seguida. Primeiro ele diz que há algo do que resulta do discurso analítico que visa o sentido. Mais

---

[3] *Idem*, p. 189.
[4] *Idem*, p. 167.

adiante, ele insere nessa equação o fracasso: "o sentido muito precisamente da direção em que ele fracassa"[5]. O que resulta da experiência com o discurso analítico é deflagrar que esse sentido é de semblante, ou seja, que o neurótico tenta articular sentido justamente ali onde o Real comparece: "Se o discurso analítico indica que esse sentido é sexual, só pode ser, justamente, eu direi, para dar a razão de seu limite"[6].

O que Lacan nos diz é que "é realmente o analista que, pondo o objeto *a* no lugar do *semblant*, está na posição mais conveniente para fazer o que é justo fazer, ou seja, interrogar, interrogar como saber o que se refere à verdade"[7]. É com o giro em que advém o discurso analítico que se criam as condições para que, no lugar onde se punha a verdade como referência, se possa localizar o saber inconsciente, um saber que ex-siste ao sujeito.

Lacan está situando algo do Real ao apontar o gozo que está em jogo nisso que faz o sujeito ligar $S_1$ e $S_2$. Na operação de entrada na linguagem há a perda de uma parcela de gozo, mas há também um resto de gozo que permanece não simbolizado, e que vai sendo carregado pelo significante no deslizamento da cadeia — é aí que mora o inconfessável da verdade. Há o indizível do gozo que se articula com a verdade em sua impossibilidade de ser dita toda. Os semblantes, imaginários e simbólicos, ocultam o real em jogo. Com a análise, o advento de uma outra relação com o real pode trazer consequências definitivas no que diz respeito ao saber e ao gozo.

Enquanto lacanianos, temos como a direção do tratamento o Real. Há algo que Lacan vem construindo no decorrer do

---

[5] *Idem*, p. 168.
[6] *Idem, ibidem.*
[7] *Idem*, p. 191.

seminário 20 — e me parece que é isso que está na causa de sua formalização das posições de gozo — que tem a ver com um impasse diante do qual ele se encontra ao dizer que o Real "não poderia inscrever-se senão por um impasse de formalização"[8].

Izcovich traz algo disso em termos de tessitura, dizendo que o Real se manifesta "nas malhas do simbólico", apontando para uma descontinuidade constitutiva e inapagável do sujeito. Ele diz ainda que isso é o que condiciona a prática da análise, que não visará à verdade verdadeira, mas que permite perceber que a verdade emerge fazendo "buracos no sentido"[9].

O verdadeiro só se afirma como visando o Real, mas isso depende de uma redução das pretensões à verdade. Lacan diz que "se a análise se afirma por uma presunção, é que dela possa se constituir um saber sobre a verdade"[10]. A partir dessa redução, a sacada de que essa verdade última fracassa em encobrir o Real. O analisante irá reduzi-la como efeito daquilo que vai tecendo pelos significantes em sua análise. Através do corte do analista, buracos de sentido poderão emergir desse tecido, rastros de Real. Há do ser que não se pode saber, e é isso que Lacan interroga em seu ensino. Esse saber inter-dito, que passa pelo buraco da palavra, tangenciando algo d'isso que é radicalmente Outro.

Na altura do seminário 20, esse saber é um enigma, "um enigma que nos é presentificado pelo inconsciente[11]", e disso parte a aposta no passe. Uma aposta fundamentada no que se

---

[8] *Idem,* p. 186.

[9] IZCOVICH, Luis. *A identidade: escolha ou destino?* Trad. Paulo Sérgio de Souza Jr. São Paulo: Aller, 2022, p. 46.

[10] LACAN, Jacques. (1972-1973) *Seminário 20, Encore*. Rio de Janeiro: Escola Letra Freudiana, 2010, p. 185.

[11] *Idem,* p. 265.

articula da experiência singular de cada um que fez a passagem, a virada da posição de analisante à posição de analista. Uma passagem da qual temos notícias também pelas consequências de uma nova relação com o saber, uma novidade, relação outra do sujeito com o que escapa à vetorização do sentido, extração de uma marca, signo da diferença absoluta. O que temos recolhido dos relatos de passe é: uma passagem do todo ao não-todo.

Anastasia Tzavidopoulou, na *Wunsch* n. 23, traz em seu testemunho o saber articulado com o inconsciente como pano de fundo. Lembra-nos com Freud que devido à natural inaptidão humana para o inconsciente, o passe seria um processo "contranatural", e justamente pelo que o inconsciente guarda de não-saber, aquele que se dispõe a dar seu testemunho não o é chamado a dizer o que é o inconsciente, mas o que ele é para cada um[12].

Ela nos lembra que no percurso de uma análise "entramos pela transferência e saímos pelo passe", está aí o percurso do saber e o que nele sofre sua metamorfose[13]. No começo o suposto saber, um ato de crença no saber suposto ao analista irá permitir o desenrolar de uma engrenagem que passa de um "não sei" para um "não sei o que procuro saber, mas gostaria de saber algo sobre isso": isso gira.

Um percurso que levará à queda, passar do "isso gira" ao "isso cai". Ao final, "encarnar o não-saber que a mulher carrega", o não-saber do inconsciente. Anastasia diz que no fim, o que

---

[12] TZAVIDOPOULOU, Anastasia. "Promoção de uma queda [Déchéance]". In: *Wunsch — Boletim Internacional da Escola de Psicanálise dos Fóruns do Campo Lacaniano*, n. 23, p. 48-51, 2023, p. 48.

[13] *Idem, ibidem.*

se espera é que o analista possa "honrar a posição feminina"[14], honrá-la no não-saber desse lugar, um não-saber que o sujeito alcançou graças ao saber que ele adquiriu durante sua análise.

Na mesma afinação, temos também o relato de passe de Christelle Suc, na *Wunsch* 24. Ela nos diz que a análise lhe permitiu passar do saber absoluto ao saber furado, seu dizer mudou de sexo, tornou-se feminino: "Entrei na análise com um dizer masculino, armado com o falo, e na saída, estava amparada por um dizer que sabia como lidar com a ausência. Do todo para o não-todo"[15].

Na passagem de analisante a analista, uma feminização que lhe permite o acesso ao que é da ordem do não-todo, o acesso ao lado Outro do inconsciente. Como diz Gallano, "o Outro no conjunto dos significantes do inconsciente não pode se aproximar senão como -1, é o um a menos. Assim temos o falo como o Um a mais e o Outro, inabordável no saber, como um a menos"[16].

Essa passagem, Christelle Suc chama de "travessia da transferência"[17]: a travessia do Outro, "de um Outro ao outro", como Lacan a chama. As coordenadas ao final dessa travessia marcam o lugar da emergência de um desejo inédito. Uma travessia que se faz pelo mergulho nas águas do saber: de um Saber absoluto, passando por um não querer saber nada, e depois a forma mais elaborada de saber: um saber furado.

---

[14] *Idem,* p. 51.

[15] SUC, Christelle. "Do passo a dois à não há dois". In: *Wunsch — Boletim Internacional da Escola de Psicanálise dos Fóruns do Campo Lacaniano,* n. 24, pp. 54-49, 2024, p. 59.

[16] GALLANO, Cármen. *A alteridade feminina.* Campo Grande: Andréa Brunetto, 2011, p. 84.

[17] SUC, Christelle. "Do passo a dois à não há dois". In: *Wunsch — Boletim Internacional da Escola de Psicanálise dos Fóruns do Campo Lacaniano,* n. 24, pp. 54-49, 2024, p. 58.

Não-toda é a verdade, Ⱥ mulher em sua relação com o S(Ⱥ), e é também aquilo que se esclarece sobre o Real. Lacan afirma na Conferência de Caracas: "[...] meu nó não diz tudo. Caso contrário eu não teria sequer a possibilidade de me situar nisto que há: pois há, digo eu, não-todo. Não-todo seguramente no Real, que abordo por meio de minha prática"[18].

O discurso analítico se faz, pela palavra, um artefato para operar, na medida em que ao interpelar o gozo do sujeito possibilita a emergência de algo do que se escreve da ex-sistência do Real. O amor se dirige ao saber, e daí se engata a travessia que levará o sujeito a adquirir os bilhetes de sua "verdadeira viagem"[19].

Passar do horror de saber, do não querer saber nada disso, da paixão da ignorância, às "vias de uma douta ignorância", ao consentir com um saber não-todo, esse saber que inclui o não sabido que traz a castração imposta pela linguagem. Do todo ao não-todo, é esse o percurso de uma análise que extrai um saber sobre a castração.

Assim, aquele em quem advier o desejo do analista poderá prestar-se a ocupar para outros o lugar de interrogar o saber como verdade. Em sua posição feminina, o analista é aquele que não opera pela norma (fálica), mas sim pelo ponto fora do comum, o que permitirá que ele cumpra a coordenada freudiana de tomar cada análise como única, uma-a-uma, assim como as mulheres.

Pelos efeitos do que experimentou em sua própria análise, o analista poderá guiar aqueles que procuram uma análise ainda

---

[18] LACAN, Jacques. "Conferência de Caracas". In: *Nos confins do Seminário*. Rio de Janeiro: Zahar, 2022, p. 99.

[19] LACAN, Jacques. "O estádio do espelho como formador da função do eu". In: *Escritos*. Trad. Vera Ribeiro. Rio de Janeiro: Jorge Zahar Editor, 1998, p. 103.

no ímpeto pelo todo, na incansável busca de sentido, com vistas ao sentido final e completo da neurose. Advertido de que isso é a tentativa de escamotear a falta que é da própria estrutura, resistência a dar como perdida a parcela de gozo com que se paga pela entrada na linguagem, poderá, a partir de seu ato, fazer com que outros passem do romance ao poema. Escrever-se poema a partir do ato analítico. O sentido final, sem(ter)tido o final, sem ter.

Este livro foi impresso em dezembro de 2024
pela Gráfica Paym para Aller Editora.
A fonte usada no miolo é Dashiell Bright corpo 10,5.
O papel do miolo é Pólen Natural 80 g/m².